매일의 영감 수집

평범한 일상에서
특별한 인사이트를
발견하는

매일의 영감 수집

서은아 지음

위즈덤하우스

프롤로그

건강하고 단단한 삶

내가 살고 싶은 삶을 한 문장으로 표현하자면 두 단어다. 건강하고 단단한 삶. 그 어느 순간도 나를 해치지 않기를, 매 순간 흔들리지 않는 어른의 마음으로 살아내기를 바란다.

최근 몇 년은 인생에서 새로운 순간을 많이 마주한 시기였다. 사랑하는 아빠를 잃었고 새로운 사람들을 얻었으며 용기를 내어 첫 책을 출간했고 새 직책을 맡았다. 바닥에 주저앉아 울던 낯선 도시의 밤이 존재했다.

아빠를 상실한 시간은 내게 잠시 멈춰 삶을 돌아보도록 허용했다. 사람들에게 내 응원으로 그저 한순간 마음을 안아주는 것 이상의 힘을 보태고 싶다는 더 큰 다짐을 하게 했다. 주저하기를 멈추고 낸 첫 책은 지난날 가라앉혀 둔 작은 꿈을 다시금 떠올리고 그 꿈을 이루는 오늘을 살아가게 해줬다. 그렇게 나는 건강하고 단단한 삶을 향해 한 발 한 발 나아가고 있다.

나는 여러 방식으로 나를 이해하려고 노력한다. 이를 통해 스스로를 선명하게 바라볼 수 있기를, 더 좋은 힘을 기르고 더 나은 사람이 되기를 바랐다. 어느새 어떤 심리 분석 서비스에서든 변함없는 내 모습이 드러나는 것을 보며, 내가 한층 단단하고 선명한 사람이 돼간다는 데 기쁜 마음이 들었다.

스트레스 지수가 0퍼센트라는 결과 보고서를 받은 어느 날, 나는 나를 무척 좋아한다고 일기를 썼다. 좋은 힘을 가진 사람이 됐다는 것, 내가 그렇게 살아가고 있다는 것이 좋았다. 지금 모습이 참 나다운 모습이라는 것이 좋았다. 삶에 존재하는 여러 언덕의 오르내림 안에서 호흡을 가다듬고 때론 힘을 내 빠른 걸음으로, 때론 속도를 낮추어 '괜찮다' '잘했다' 다독이며 살아온 모습이었다.

흔들리지 않는 삶이 어디 있겠는가. 무너짐 없는 삶이 어디 있겠는가. 하루에도 수십 가지 마음이 오간다. 나는 그 짧은 순간순간을 무척 세심히 마주한다. 실망이 스쳐 지나가는 순간 그 실망이 다음의 우리를 잡아먹지 않도록 다짐하고, 행복이 스쳐 지나가는 순간 그 작은 행복의 감각을 놓치지 않으려고 꽉 붙잡는다. 하루의 여러 순간을 아무것도 아닌 찰나로 내버려두지 않기 위해 그 순간을 꼭꼭 씹어 소화한다. 그렇게 내 삶을 사랑하는 방식을 배운다.

나뿐 아니라 내 주변 사람이 그리고 세상의 더 많은 사람이 자기 삶을 사랑하며 살아가기를 바란다. 삶에 필요한 근육을 하나둘 단단하게 만들어 건강하고 흔들리지 않으며 살아가기를 바란다.

이 책은 자아 성장 플랫폼 밑미에서 진행한 '매일의 영감 수집' 리추얼 프로그램을 토대로 만들어졌다. 매일의 영감 수집은 단순히 영감과 인사이트를 수집하는 것이 아니다. 이것은 '우리 삶의 순간'을 수집하는 것이다. 아무것도 아니었던, 그저 지나치고 말았을 내 삶의 한순간을 붙잡는 것이다. 그 아무것도 아닌 순간에서 특별한 것을 발견하기 위해 세밀하게 관찰하고 흔적을 수집하고 그 흔적의 조각들로부터 물음표를 떠올리고 그렇게 영감을 건져 올리는 힘을 기르는 나만의 의식이다. 이 리추얼을 함께한 많은 사람이 삶에서의 변화를 이야기한다.

"오늘 카페에 가서 커피를 마셨는데, 글쎄 저도 모르게 이 순간을 수집할 흔적이 없나 두리번거리는 저를 발견했어요. 카페 쿠폰과 카페 이름이 새겨진 냅킨도 소중하게 챙겨와서 수집 노트에 붙였어요! 아무것도 아니었다고 생각했던 제 삶의 모든 순간을 유심히 관찰하면서 그 작은 순간들을 아끼고 사랑하는 마음이 샘솟았어요."

수년간 매일의 영감 수집 리추얼이 매번 정원 마감되면서 아쉬워한 사람들이 많다. 더 많은 사람과 이에 대해 이야기하고 싶은 마음이 이 책을 발간하게 이끌었다. 이 책을 통해 한 달간 스스로 리추얼을 연습할 수 있도록, 당신을 응원하는 리추얼 메이커 올리부를 가까이에서 느낄 수 있도록 리추얼의 과정을 단계별로 자세하게 다뤘다.

매일의 영감 수집이라는 작은 행동 하나가 우리 모두의 삶을 건강하게 이끄는 좋은 근육을 단련하는 데 도움이 되기를, 삶의 모든 순간을 세심하고 선명하게 마주할 힘을 기름으로써 매일 밤 내일을 기대하며 잠들게 되기를, 크고 작은 삶의 언덕 사이 주저앉은 나를 일으켜 다시 다음 발을 디디게 할 작은 힘이 돼주기를 바란다.

우리 모두의 모든 순간을 응원하는 마음으로.

차례

Part 5
4주 차: 한 발 더, 깊이 디깅합니다

Part 6
5주 차: 회고와 함께 선명해지는 나

Part 7
더하여 함께하기

Part 8
매일의 영감 수집 노트

Part 1

매일의

영감을

→

수집합니다

Chapter 1

나를 보통의 날들로
다시 돌아오게 하는 힘

매일의 영감 수집, 그 시작

긴 여행을 다녀온 직후였다. 코로나19가 갑자기 기승이었다. 모두가 집에 고립됐다. 2주 후 일상으로 돌아가리라 믿었던 우리의 격리는 두 달이 넘게 지속됐다. 전형적인 '밖순이'였던 나로서는 신발 한 번 신지 않고 집에서 그 긴 시간을 버텨냈다는 사실 자체가 놀라웠다.

아무 일도 일어나지 않을 것 같았던 격리 기간 동안 많은 변화에 적응해나가야 했다. 재택근무로 전환된 회사 업무는 그 어느 때보다 바빴다. 아침에 눈을 뜨자마자 몸을 일으켜 거실에 나가면 그 순간부터 일은 시작됐다. 아이는 학교에 가지 않았고 학교 수업은 온라인 화상 수업으로 전환됐다. 엄마는 마트에 가서 장을 보는 것이 아니라 온라인 쇼핑몰 앱을 깔고 살 물건을 하나하나 장바구니에 넣느라 애를 쓰셨다.

그러던 어느 날 '이런 날들이 끝나지 않으면 어쩌나' 하는 불안한 마음이 고개를 들었다. 내 삶에 더 이상 새로울 것이 없을 것 같다는 두려움이 덮친 그때, 작은 질문 하나를 스스로에게 던졌다. '정말 내 삶에 인풋이 없을까?' 무심코 찢어 버리던 일력 한 장도 무척 소중해졌고, 택배에 담긴 감사 카드 하나도 온 세상이 전하는 거대한 메시지 같이 느껴졌다. 배달 음식에 붙은 사장님의 메시지가 서로를 연결하는 중요한 통로라는 것을 깨달았다. 아, 우리는 다른 방식으로 살아가고 있는 거구나. 그냥 살아버려지는 것이 아니라 새롭게 이야기를 나누고 의미를 전하며 함께 살아가고 있구나! 그 마음을 잊지 않고 잃지 않기 위해 애써야겠다는 생각이 절로 들었다. 그렇게 매일의 영감 수집이 시작됐다.

편의점 영수증, 물건을 사고 받은 홍보물, 티셔츠에 달랑대던 가격 태그 등을 하나하나 소중하게 모으기 시작했다. 그렇게 삶의 작은 조각을 수집하고 그것들을 통해 열리는 새로운 세상을 탐색했다. 여행을 가지 못하고 더 좁

은 세상을 살아가게 된 때에도 나는 내 삶을 구석에 갇힌 채로 남겨두지 않겠다고 마음먹었다. 나를 둘러싼 세상의 넓이는 내가 정할 수 있다. 작은 것을 발견하고 내 안의 세상을 넓혀가는 시간, 내 삶을 위해 오늘 할 수 있는 애씀의 시간을 갖기로 했다. 그렇게 매일의 조각을 수집해나갔다.

나를 지키는 시간

고3 1학기, 성적이 뚝 떨어졌다. 그저 평소와 같았을 뿐이었는데 왜 이런 일이 생긴 걸까 적지 않게 당황했다. 여름방학을 맞이하고 절치부심으로 한 달간 내게 주어진 기회를 생각했다.

내가 가진 것이라고는 시간 하나밖에 없었다. 다시금 나를 온전하게 본 트랙으로 올려두려면 무엇을 해야 하는가 생각했다. 넓은 종이에 동그라미 하나를 그려 24시간을 빼곡히 공부하는 시간으로 채웠다. 식사 시간, 휴식 시간을 넣는 것도 잊은, 말도 안 되는 시간표였다.

그 시간표를 지키겠다고 마음먹은 첫날, 다른 생각이 비집고 나왔다. 휴식 시간을 안 그려 넣었던 나를 멍청하다고 탓하며 지금은 쉬어야 한다고 타협하려고 했다. 시간표를 재조정해야겠다는 생각이 고개를 든 순간 다른 마음을 먹었다. '지켜내자.' 이 계획은 비단 성적을 올리기 위해 세운 것일 뿐만 아니라 나를 무너지지 않게 하기 위한 것이었다.

여름방학 한 달간 나는 그 말도 안 되는 시간표를 지켰다. 수십 년이 지난 지금, 그때 지켜낸 것은 그저 계획이 아니라 '나'였다는 점을 때때로 떠올린다.

어른이 된 나는 어떤 방식으로 나를 지켜냈는가 생각해 봤다. 무릎이 꿇리고 주저앉을 때가 돼서야 기를 쓰고 나를 찾았다. 이제는 나를 지켜내는 시간을 애써 가져보자고 마음먹었다. 어른이 된 나에게도 이런 시간은 필요했다.

매일의 영감 수집은 매일 마주하는 작은 순간을 그때의

흔적과 조각을 통해 수집하는 일이다. 하루를 마무리하며 그날의 순간을 톺아보는 과정이다. 이를 매일 반복하며 의지와 의도를 더한다. 그리고 단순한 반복을 넘어 그 시간이 나에게 주는 가치를 바라본다. 그렇게 나는 나를 지켜내는 시간을 연습해간다.

나를 보통의 날들로 돌아오게 하는 힘

아빠를 상실하고 내 삶의 보통날들을 의심했다. 어제는 존재했고 오늘은 존재하지 않는 한 사람의 삶을 마주하며 도대체 어느 날의 나로 돌아가야 하는가에 대한 답을 찾지 못했다. 코로나19 시대가 끝나면서 세상은 온통 '백 투 노멀**Back to Normal**'이라는, 어느 이전 시점의 삶으로 돌아가기를 권했다. 하지만 세상은 이미 변했다. 이전의 보통날처럼 사랑하는 아빠는 존재하지 않았고 그때와는 많은 것이 달라져 있었다. 그렇게 나는 나아가지도 돌아가지도 못한 채 그 어딘가에서 서성이는 날들을 보냈다.

아무 목적도 없이 책상에 앉아만 있던 여러 날을 보내다 문득 책상 위 쌓인 종이 뭉치에 눈길이 갔다. 아빠의 사망신고를 하러 갔던 동사무소에서 뽑아 들었던 번호표를 버리지 못하고 가져왔던 날, 아빠에게 온 고지서의 주소란

에 있는 아빠를 부르는 이름을 차마 버리지 못하고 오려 뒀던 날이 떠올랐다. 병원에서 받았던 마지막 영수증, 아빠와 함께 나무 구경 가자고 약속하며 적어뒀던 메모지… 손을 뻗어 그 조각들을 움켜쥐었다. 수집 노트를 열어 그것을 한 장 한 장 붙이기 시작했다.

'그랬구나. 나는 이 순간 이랬구나.'

그 작은 조각들 하나하나에서 그와 관련된 순간들이 선명하게 떠올랐다.

'아, 이렇게 나는 내 보통의 날로 돌아가고 있구나.'

한 장 한 장 붙이던 조각이 열 장이 되고 스무 장이 될 즈음, 내 삶에 존재했던 수많은 순간을 다시금 귀하게 여기게 됐다. 그게 아무것도 아닌 순간, 지우고 싶은 순간이 아니라 앞으로 살아가는 데 있어 무척 중요한 순간이 됐음을 알아차렸다. 몇 년간 해왔던 리추얼이 결국 무너지고 고꾸라진 나를 일으켜 세울 힘이었음을 깨달았다. 기꺼이 애써 나를 보통의 날들로 돌아가게 하는 힘, 그것이 우리가 함께한 리추얼의 힘이었다.

삶의 어느 순간으로 돌아가든지 나는 더 많은 도전을 하고 더 많은 용기를 내고 더 많은 실패를 하고 더 많은 사랑을 하고 싶다. 넘어져서 무릎이 까이고 생채기가 나더라도 다시 하루하루를 소중히 여기고 곧추세워 지금 같은 삶으로 만들 수 있다는 자신감이 생겼다.

삶을 움직일 연료가 없다고, 내 안에 쌓아놓은 재료가 없다고 덜컥 겁이 나도 구겨 버리던 영수증을 굳이 받아 수첩에 붙이고, 다 먹은 과자 포장지에 써 있는 작은 글씨 하나를 읽고, 배달 음식에 붙은 사장님의 메모 하나를 소중히 모은다. 나는 우리 모두가 그렇게 작은 순간순간을 어여삐 여겨 태산 같은 삶을 찬란하고 반짝이게 만들 수 있다고 믿는다.

Chapter 2

삶의 작은 순간을
수집한다는 것

매일의 영감 수집의 의미

매일의 영감 수집 리추얼은 '순간을 수집'하는 것에서 시작한다. 무심코 구겨 버리던 영수증 속 센스를 수집하고, 택배 상자에 가득 담긴 브랜드 스티커들과 함께 제작자의 고민을 수집한다. 내 하루를 둘러싼 많은 순간 안에서 세밀한 관찰력과 단단한 발견력을 키우는 것이 이 리추얼의 가치다.

매일의 작은 순간들을 수집하고 기록한다는 것은 이런 의미다.

- 삶의 모든 순간을 아끼는 내 마음을 단련시키는 것
- 어떤 순간도 사소하지 않다고 스스로에게 이야기해주는 것
- 작은 순간을 소중하게 보낼 힘을 길러주는 것
- 모든 순간이 모여 내 시간을 이루고 내 삶을 이룬다는 점을 배우는 것

이 모든 과정을 통해 삶의 에너지와 영감을 내 안에서 스스로 찾아내는 힘을 기르는 것이 바로 매일의 영감 수집이다.

매일의 영감 수집 리추얼이란?

매일의 영감 수집 리추얼은 매달 30여 명이 함께 모여 3주간 진행한다.

리추얼을 시작하기 전 '선언 미팅'이 이뤄진다. 선언 미팅에서는 우리가 함께할 리추얼의 의미와 이를 통해 얻는 힘을 소개한다. 또 서로를 응원하고 지켜줄 리추얼 메이트들과 각자의 목표와 기대를 공유한다.

매일의 영감 수집의 다양한 사례와 함께 3주간의 여정을 미리 살펴보는 선언 미팅이 끝나면 각자 리추얼을 진행하고 온라인으로 그 조각들을 공유한다. 서로의 조각을

만나면 리추얼 메이트들은 반갑게 응원, 공감, 영감 등을 댓글로 나눈다. 그렇게 3주를 보내고 마지막 날에는 그 시간을 회고하는 '회고 미팅'이 진행된다. 회고는 과거를 통해 배우고 내일로 나아가는 힘을 재정비하는 중요한 과정이다.

나는 리추얼 메이트들과 리추얼을 통해 얻은 힘에 관해 이야기하곤 한다. 다음은 그들과 내가 리추얼을 통해 얻은 힘이다.

- 관찰하는 힘
- 스쳐 지나가지 않고 자세히 바라보는 힘
- 건강한 저녁 루틴
- 잠재력을 발견하는 시간
- 기록하고 모으는 힘
- 작고 소중한 일상의 재발견
- 일상에 안테나를 세우는 힘
- 꾸준함과 그 어느 것이든 놓지 않는 힘
- 내 삶의 아카이빙과 두툼해지는 노트
- 해내고 있다는 성취감
- 끊임없이 솟아나는 호기심
- 내일을 나아갈 에너지
- 시간을 의미 있게 바라보는 힘

삶은 그냥 살아지는 것이 아니다. 애를 쓰고 힘을 들여 살아가야 한다. 삶의 작은 순간을 수집한다는 것은 살아가는 데 필요한 힘을 단단하게 기르는 일이다.

처음에는 단순한 호기심 때문에 매일의
영감 수집을 시작했다. 하지만 점점 깨달았다.
매일 책상 앞에 앉아 내 시간을 지켜내는
과정이 얼마나 큰 의미를 가지는지. 영감을
수집한다는 것은 결국 나를 돌보고 일상을
더 선명하게 바라보는 일이다. 그 과정에서
나 자신을 더 깊이 이해할 수 있었다.

_서윤 님의 후기

Chapter 3

매일의 영감 수집으로
얻을 수 있는
네 가지 힘

매일의 영감 수집으로 얻을 수 있는 것

매일의 영감 수집에서 집중하는 것은 다음 네 가지 힘이다.

- 작은 것을 보는 세밀한 관찰력
- 눈에 보이는 너머의 것을 알아차리는 단단한 발견력
- 더 깊이 디깅하여 얻어지는, 새로운 세상으로 향하는
  유연한 확장력
- 행동이 마음을 이끄는 행동 기억력

작은 것을 보는 세밀한 관찰력

내 눈에는 유독 잘 보이는 것들이 있다. 바로 아주 작은 글씨, 아주 작은 변화다. 연희동의 작은 편지 가게 '글월'은 내가 무척 좋아하는 공간이다. 갈 때마다 작은 변화를 찾아내는 것이 나에게는 그 공간을 가는 즐거움 중 하나다.

그날은 편지 가게 구석에 파란 화분 하나가 눈에 띄었다. 아끼는 마음으로 들여다보고 그 파란 화분에서 뻗어나간 덩굴을 따라 글월을 누볐다. 어쩌면 딱 그렇게 그 자리에 있을 법하게, 그 자리에 있어야만 하는 자태로 그곳에 있게 됐는지 대견하기까지 했던 파란 화분. 글월의 주희 님은 화분을 두고 "그 자리에 그런 모양의 그런 색깔의 화분이 자리하고 그 위로 덩굴식물이 이렇게 자랐으면 좋겠다는 마음으로 여러 날 애쓰고 애써서 놓이게 됐어요"라고 이야기했다. 작은 것들을 볼 수 있는 관찰력 덕분에 둘의 마음이 통했다.

사람들은 하루의 많은 순간을 한꺼번에 압축해 기억한다. 그 압축 파일을 풀어가는 과정이 매일의 영감 수집이다.

압축을 풀어 수백, 수천 개의 작은 파일들로 나누어 보기로 한다. 침대에서 일어나며 '아, 오늘 아침은 어제보다 시원해졌네'라고 느꼈을 그 순간, 양치질을 하면서 '이번에 쓰는 이 치약은 레몬 맛이잖아!'라며 상쾌한 기분을 누렸을 그 순간, 출근길 지하철까지 걸어가면서 '우리 집에서 지하철까지는 몇 걸음이나 될까? 사람들은 몇 걸음을 걸으면 통상 멀다고 느끼게 될까?'와 같은 엉뚱한 호기심이 발동한 그 순간으로 말이다. 아무것도 느끼지 않고, 아무런 생각도 없이 걸었을 순간들에 의미를 부여하는 것, 그러려고 애쓰는 시간들이 삶의 모든 순간에 배치되는 것, 이것이 매일의 영감 수집의 시작이다.

이렇게 애쓰는 연습을 하고 나면 어느새 안 보이던 것이 보이고 안 보던 것을 부러 보는 관찰의 힘을 발휘하는 나를 마주하게 된다. 이것이 바로 '세밀한 관찰력'이다. 매일 삶에서 마주하는 작은 것들을 다정하게 관찰하자.

사전에서는 관찰력을 "사물이나 현상을 주의하여 자세히 살펴보는 능력"이라고 정의한다. 매일의 영감 수집을 통해서 길러지는 세밀한 관찰력이란 사전적 의미를 넘어서 작은 것들이 존재하기까지 쓰인 다양한 애씀을 발견해 내는 것을 의미한다. 즉, 보이지 않던 것을 보게 되는 힘, 그것들이 만들어지기까지의 과정을 세밀하게 바라보는 힘이 세밀한 관찰력이다. 이는 내 삶의 모든 순간에서 영감을 발견하고 그 영감을 발산하는 좋은 근육으로 작용할 것이다.

눈에 보이는 너머의 것을
알아차리는 단단한 발견력

정말 눈뜨고 밤까지 내내 일한 날이었다. 하루 동안 컴퓨터 속 일 외에는 내가 소유한 순간이 없는 것만 같은 날, 일을 마치고 서둘러 집 앞 편의점에 다녀왔다. 과자들이랑 아이스크림을 잔뜩 샀다. 이런 포만감!

"영수증 필요하세요?"라는 질문에 "아니요, 버려주세요!"라고 대답했다가 "아아, 영수증 주세요!"를 외쳤다. 그렇게 그 경험의 조각을 받아 들었다. 집에 와서 영수증을 수집 노트에 붙이고 가만히 들여다보니 '어라?' 하는 작은 발견!

CU 편의점은 항상 '나이스 투 씨유**Nice to CU**'라는 브랜드 태그라인이 익숙했는데, 영수증을 봤더니 '씨유 어게인**CU Again**'이라고 적힌 것 아닌가! 아, 그렇지. 영수증 받고 나가는 고객에게 해야 하는 말은 '나이스 투 씨유'가 아니라 '씨유 어게인'이네!

가만히 관찰하다 보면 눈에 보이는 것 너머까지 발견하는 경험을 자주 하게 된다. 여기서 이야기하는 '단단한 발견력'이란 눈에 보이지 않는 문맥과 영감을 발견해내는 힘이다. 일상을 '아하!'의 순간으로 전환시키는 힘이기도 하다. 앞서 이야기한 관찰력이 '눈으로 확인할 수 있으나

그간 보지 않고 지나친 것을 바라보게 되는 힘'이라면 발견력은 '눈으로 보이지 않는 것들을 저 너머에서 발견해 건져내는 힘'을 뜻한다.

나는 영수증을 관찰해 발견한 힌트를 따라 그 브랜드에 대해 더 찾아보고, 다른 편의점 브랜드의 속뜻을 알아보고, 내가 진행했던 많은 서비스, 프로모션, 메시지의 문맥도 생각했다. 일상의 순간에서 영감을 발견하여 수집하는 것, 이것이 우리가 매일의 영감 수집 리추얼을 통해서 얻게 될 또 다른 힘이다.

　매일 나를 스쳐 가는 혹은 우연히 내게 다가온 많은 것 중 하나를 수집해보자. 택배로 받은 물건의 홍보물이 될 수도 있고, 카페에서 받은 귀여운 티슈 한 장이 될 수도 있다. 배달 음식 쿠폰이나 누군가가 남긴 작은 메모도 좋고, 오늘 본 글귀 한 줄, 인스타그램에서 저장한 포스팅도 좋다. 종류에 상관없이, 다만 작은 것에서 내가 부여할 수 있는 의미와 영감을 발견하는 것이다.

　발견도 연습이 필요하다. 작은 것에서 좋은 것을 발견하는 태도는 내 삶 안에서도 좋은 것을 찾아내고 감사하는 마음의 근육을 길러준다. 우리는 크고 멋있는 것, 특별한 것에는 잘 감동하지만 작고 일상적인 것에서 의미를 발견하기는 어려워한다. 매일의 영감 수집을 통해 누구에게나 주어진 평범한 오늘을 다르게 바라보는 태도를 배울 수 있다. 우리가 마주한 일상의 순간 모두가 영감을 떠오르게 하고 인사이트 넘치게 하기는 어렵다. 대신 작은 순간에서 귀여운 위트를, 누군가의 애씀을 기꺼이 발견하며 기른 기쁨 근육이 모든 순간을 다르게 보이도록 만들 것이다. 자, 이제부터 일상을 '아하 모멘트'로 만드는 여정을 통해 눈에 보이는 것, 그 너머의 것을 알아차리는 단단한 발견력을 길러보자.

더 깊이 디깅하여 얻어지는,
새로운 세상으로 향하는 유연한 확장력

일상의 작은 조각들을 수집할수록 더 크고 다양한 새로운 세상을 만난다. 작은 조각 하나가 열어주는 호기심의 문을 따라 이리저리 탐험하는 기쁨을 누리다 보면 어느새 새로운 이야기에 도착한다.

베를린 여행 중 횡단보도를 건너는데 신호등에 그려진 귀여운 사람이 깜빡거리는 것을 발견했다. 같은 횡단보도를 열 번이나 다시 건너며 요리조리 사진을 찍었다. 횡단보도를 건널 때마다 암펠만**Ampelmann**이라는 이름의 신호등 사람은 완전히 내 마음을 사로잡았다. 조금 걷다 보니 심지어 암펠만 기념품 가게가 있는 것 아닌가! 몇 가지 물건을 구매해서 돌아온 그날 저녁, 신호등 사람 기념품의 제품 태그와 설명 엽서, 가게에서 찍어온 도장으로 내 일상의 조각들을 수집했다.

수집한 조각들을 가만히 들여다보니 여러 물음표가 떠올랐다.

- 베를린에는 왜 이런 독특한 신호등 사람이 있는 걸까?
- 전 세계 신호등은 모두 다 비슷하다고 생각했는데 신호등의 크기나 형태에 국제 표준이 있는 걸까?

• 우리나라의 신호등 사람은 언제, 누가 디자인했을까?

• 다른 독특한 신호등은 더 없을까?

• 빨간불에는 멈추고 노란불에는 주의하고 파란불에는
  건너자는 약속은 언제, 누가 시작했고 어떻게 전 세계가
  이에 동의하게 된 걸까?

나는 그 호기심의 물음표들을 파고들며 수많은 느낌표를 만났다.

'디깅digging'이란 어떠한 것을 깊이 들여다보는 행위다. 나에게 디깅은 물음표를 따라가 느낌표를 만나는 여정이다. 우리는 종종 누군가가 발견한 느낌표에 감탄하곤 한다. 이제는 나만의 느낌표를 찾아 더 큰 감탄을 누려보자. 디깅을 하면 더 넓은 세상으로 향하는 확장의 힘, 즉 '유연한 확장력'이 생긴다.

유연한 확장력이란 내 삶의 작은 순간을 통해 더 넓은 생각들로 자유롭게 여행하는 마음의 능력이다. 길가에 떨어진 나뭇잎 하나를 보고 북유럽의 어느 숲속을 여행하는 느낌을 받게 하는 힘이다. 이런 영감과 인사이트는 모두 작은 물음표에서 시작된다. 매일의 영감 수집으로 얻은 유연한 확장력을 통해 수많은 나만의 느낌표를 수집해보자.

행동으로 마음을 이끄는 행동 기억력

너무 지쳐 책상에 앉기가 버거운 날이 있다. 그런 날에는 마음을 가볍게 해주는 것만으로 충분하다. 그렇다고 나를 지켜내는 시간까지 양보하지는 말자.

아이가 태어난 뒤 나는 더욱 내 시간에 최선을 다하는

삶을 살았다. 역할이 두 개가 됐다고 시간이 두 배가 되지 않았고, 가져야 할 마음이 두 개가 됐다고 각 마음의 총량이 반으로 줄지는 않았다. 그러면서 가장 먼저 포기한 것은 나를 위한 시간이었다. 친구를 만나는 시간을 포기하고, 나를 가꾸는 시간을 포기하고, 내가 즐기는 것들을 포기하면서 내 시간을 나에게 주어진 새로운 역할들에, 반으로 줄어든 내 기존의 역할들에 기꺼이 내어주었다. 나를 위한 시간의 부재가 어느 날 문득 나를 무너뜨렸다. 이렇게 열심히 살아가고 있는데 나는 어디에 있느냐고, 내가 세상에 존재하는 것이냐고 스스로에게 물었다. 내 최선이 향하고 있는, 마땅한 시간을 의심한다는 것만으로 큰 죄책감이 들기도 했다. 내 삶에 내가 존재하고 있느냐는 질문은 '그렇다면 나는 그 삶에 내가 존재하도록 나를 지켜내겠다'라는 마음을 열어주었다. 하루에 딱 10분, 한 달에 하루, 1년에 한 번 나 자신과 이런 약속을 했다. '그저 나를 포기하지 않으면 된다.'

책상에 앉는 것조차 무척 버거운 날이면 그 버거움을 인정한다. 부담을 내려놓고 그저 주머니 속, 가방 속, 책상 위 남겨진 흔적들에 낙서를 하고 도장을 찍고 스티커를 붙이면 된다. 물음표와 느낌표를 떠올리지 않아도 괜찮은 날, 그저 나를 지켜낸 것만으로도 충분한 날 매일의 영감 수집은 마음을 이끄는 행동을 기억하는 능력을 길러준다. 이런 '행동 기억력'은 매일을 잘 살아가는 연습을 하게 해준다.

Chapter 4

매일의 영감 수집을
시작합니다

오늘 하루 어땠나요?

매일의 영감 수집은 스스로에게 안부를 묻는 것에서 시작한다. 내 하루의 여러 순간을 자세하고 소중하게 관찰한다. 그렇게 해서 어느 경험 하나를 삶의 작은 흔적으로 수집한다. 그 수집을 통해 작은 물음표들을 떠올리고 물음표를 따라 느낌표를 찾아 나선다.

아무것도 특별할 게 없었던 하루에도 수많은 것들이 존재하게 만드는 과정이 바로 매일의 영감 수집이다. 다시 말해 이런 의미다.

Nothing to Something

아무것도 아닌 것을 특별한 것으로

자, 이제 매일의 영감 수집을 함께 시작하자. 그 과정은 다음 네 단계로 구성된다.

즉, 매일의 영감 수집은 하루의 '경험'들을 작은 흔적들로 '수집'하여 그 수집된 흔적들을 통해 '물음표'를 떠올리고 그 물음표를 '느낌표'로 전환하는 과정이다.

첫 번째 단계: 하루의 경험을 구체화하기

첫 번째 단계는 내 하루를 떠올리며 그 하루 안에 존재하는 경험을 구체화하는 것이다. 구체적인 예를 들어보겠다.

아침에 일어나서 회사에 갔다가 퇴근해 아이를 픽업하고
집에 들어와 쉬었다.

때때로 내가 사람들에게 '오늘 하루는 어떻게 보냈나요?'라고 물으면 대다수가 이런 방식으로 뭉뚱그려 답한다. 그러면 나는 더 자세히 이야기할 것을 제안한다.

아침에 늦잠을 자서 헐레벌떡 일어나 빠르게 씻고 준비를 하고 나갔다. 회사에 출근해서 계속 이어지는 회의 때문에 점심도 못 먹고 퇴근 시간이 됐다. 퇴근하면서 차 안에서 요기라도 하려고 간식을 좀 챙겨 운전하면서 먹었다. 아이 학원 픽업이 있는 날이라 학원 앞 도서관으로 향했다. 도서관에서 글을 쓰고 책을 읽었다. 아이 학원이 끝나고 함께 집으로 돌아와 씻은 뒤 책상에 앉아 일기를 쓰고 잠자리에 들었다.

구체적으로 묘사된 이 하루는 이전보다 조금 더 선명해졌다. 그렇다면 여기서 더 작은 순간들을 확보해보자.

1단계: 아침에 일어나서
2단계: 아침에 늦잠을 자서 헐레벌떡 일어나
3단계: 주로 7시에 일어났지만 알람 소리를 듣지 못하고 7시 30분까지 늦잠을 자고 말았다. 놀란 마음으로 헐레벌떡 일어나

뭉뚱그려졌던 순간이 뚜렷해지는 과정을 볼 수 있다. 첫 번째 단계에서 해야 할 일은 그저 하루의 경험을 구체적으로 떠올려보는 것이다. 이 과정이 생각을 열어주는 첫 번째 문이다.

두 번째 단계: 수집하기

첫 단계에서 떠올렸던 구체적인 순간 중 하나를 고르고, 그 경험을 관찰하기 위해 수집 노트에 그것의 흔적 혹은 조각들을 수집한다. 우리 삶에는 경험의 존재를 증명하는 이렇게 다양한 조각들이 존재한다.

- 배달 음식 봉투에 붙은 서비스 스티커
- 아침에 기분 좋게 마신 드립백 커피 포장
- 선물 받은 오일의 귀여운 설명서
- 어제 만난 작가의 멋진 명함
- 지난 여행의 기차표
- 팝업에서 받은 브랜드 스티커
- 카페에서 찻잔 밑에 깔려 있던 종이 코스터
- 전시회에서 가져온 도록과 안내 책자
- 낯선 도시에서 받은 카페 쿠폰

- 머리가 복잡해서 무심코 한 낙서

- 홍보 문구가 적힌 책 띠지

- 친구와 주고받은 백문백답의 질문과 답변

    하루에 존재하는 다양한 조각을 물리적으로 확인하는 과정은 경험의 순간을 선명하게 상기하는 데 도움이 된다. 이러한 흔적, 조각을 수집하려는 의도 또는 의지가 생기면 하루에도 많은 순간 세밀한 관찰력이 발동된다. 경험 안에 존재하는 흔적을 찾아 마음이 움직이는 것이다.

세 번째 단계: 물음표 떠올리기

자, 경험의 조각들을 수집했다면 이제는 관찰할 순서다. 내가 수집한 조각을 관찰하면서 떠오르는 물음표들을 꽉 붙들어보는 연습을 한다. 우리 삶의 작은 순간들을 선명하게 만들고 그 흔적을 수집하는 과정을 거치고 나면 이 안에서 자연스럽게 찾아낼 수 있는 물음표들이 가득하다는 것을 깨닫게 된다.

주로 아침 7시에 일어나던 나는 알람 소리를 듣지 못하고 7시 30분까지 늦잠을 자고 말았다.

물음표 1. 사람마다 아침에 일어나는 시간이 다른데 언제 일어나는 것이 건강에 좋을까? '아이들은 저녁 8~10시에는 자야 한다'와 같은 생각은 어떤 근거에 기반할까?
물음표 2. 평균 어느 정도 자는 것이 건강에 좋은 걸까?
물음표 3. 일어나는 시간에 따라 생체 리듬이 달라질까? 기상 시간과 몸 건강은 어떤 관계가 있을까?

아침에 일어나는 행위 안에도 생각을 열어줄 단서들이 가득하다. 더 깊이 들어가보자.

주로 아침 7시에 일어나던 나는 **알람 소리를 듣지 못하고**
7시 30분까지 늦잠을 자고 말았다.

물음표 1. 핸드폰 알람은 어떤 기준으로 만들어질까?

물음표 2. 기본 알람 앱을 대체할 강력한 앱이 있을까?

물음표 3. 알람 없이도 같은 시간에 잘 일어나는 사람들의
비결은 무엇일까?

물음표 4. 수면 중 소리가 잘 들릴 때도 있고 전혀 들리지
않을 때도 있는데, 청력과 의식은 어떻게 연결돼 있을까?

물음표 5. 아이들이 아침에 잘 일어나게 하는 방법은
무엇일까?

이렇게 알람이라는 힌트 하나로도 끊임없는 탐색이 가능하다. 일상의 조각을 세심히 관찰하는 힘은 훈련할 수 있다. 평범한 하루에서 물음표를 찾아내면 호기심으로 시작된 내 생각이 확장돼 춤을 추듯 찾아온다.

수집한 조각과 물음표를 연결하는 방법을 몇 가지 더 소개해보겠다.

- 오늘 산 티셔츠의 상품 태그
  → 아, 이런 폰트를 사용했네?
- 집 앞 편의점에서 아이스크림을 사 먹고 받은 영수증
  → 영수증에는 모두 이렇게 똑같은 항목이 들어가나?
- 자주 쓰는 앱의 아이콘
  → 왜 서비스 이름을 이렇게 지었을까?
- 택배로 함께 받은 브랜드의 스티커
  → 왜 이런 스티커를 주는 걸까?
- 단골 카페의 커피 쿠폰
  → 왜 열 번 먹으면 한 번 공짜로 주지?

네 번째 단계: 느낌표 찾기

마지막 과정은 물음표를 따라 느낌표를 찾는 것이다. 떠

올린 물음표가 이끄는 새로운 세상을 탐색한다. 이렇게 느낌표를 찾는 연습은 일상을 영감이 가득한 순간으로 전환하는 힘을 키워주며 모든 순간의 의미를 발견하는 단단한 근육을 만들어준다.

자, 오늘의 경험을 다시 떠올려보자.

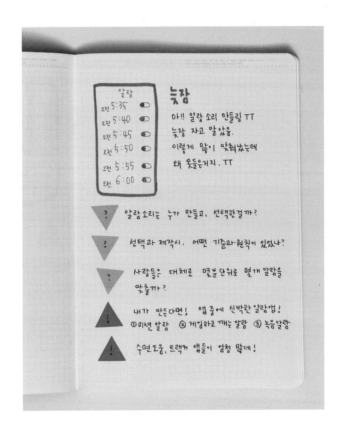

주로 아침 7시에 일어나던 나는 **알람 소리를 듣지 못하고**
7시 30분까지 늦잠을 자고 말았다.

앞서 물음표 단계에서 우리는 몇 가지 구체적인 상황을
토대로 물음표를 떠올렸다. 여기서 생겨난 물음표와 느낌
표를 살펴보자.

물음표 1. 핸드폰 알람은 어떤 기준으로 만들어질까?
느낌표 1. 내 핸드폰의 알람 리스트를 찾아보고 알람 소리
제작 방법에 대해 검색한다. 내가 선호하는 소리를 알아본다.
기본 알람을 사용하는 사람들이 대다수라는 것을 발견했다.
이럴 수가! 직접 알람을 만드는 방법을 찾아냈다.

또 다른 물음표를 따라 느낌표를 찾아가보자.

물음표 2. 기본 알람 앱을 대체할 강력한 앱이 있을까?
느낌표 2. 앱스토어에서 알람과 관련된 앱을 검색한다.
퀴즈를 풀어야 알람이 꺼진다거나 알람을 듣고 몇 초 이내에
알람을 끄면 "참 잘했어요" 칭찬 스티커가 붙는 등 특별한
방식의 앱이 있는지 살펴본다. 만약 내가 앱을 만든다면 어떤
서비스를 만들면 좋을지 상상해본다.

매일 똑같이 잠에서 깨지만 오늘 내 기상은 영감 수집을 통해 엄청난 인사이트를 쌓아 올릴 일생일대의 사건이 될 수도 있다. 느낌표를 찾아가는 과정은 매일 일어나는 작은 순간들에 의미를 부여하는 힘을 길러주고 삶에서 직접 영감을 발견해내는 힘을 키우도록 도와준다. 자, 매일의 영감 수집을 시작할 마음의 준비가 됐다면 이제 실행에 옮겨볼 차례다!

경험	오늘 티셔츠를 하나 샀다.
	집 앞 편의점에서 아이스크림을 사 먹었다.
	하루에도 여러 번 사진 편집 앱을 쓴다.
	친구에게 받은 생일 선물 택배가 왔다.
	단골 카페에서 커피를 마셨다.
수집	티셔츠의 상품 태그
	영수증
	자주 쓰는 앱의 아이콘
	택배와 함께 온 브랜드의 스티커
	카페 쿠폰

물음표	아, 이런 폰트를 사용했네?
	영수증에는 모두 이렇게 똑같은 항목이 들어가나?
	왜 서비스 이름을 이렇게 지었을까?
	왜 이런 스티커를 줬을까?
	왜 열 번 먹으면 한 번 공짜로 주지?
탐색	각 브랜드가 쓰는 폰트를 찾아본다.
	영수증을 특별하게 쓰는 곳이 있는지 찾아본다.
	서비스 브랜딩에 관한 이야기를 찾아본다.
	브랜드의 입장에서 이유를 적어본다.
	나라면 쿠폰 제도를 이렇게 만들어봐야지 상상한다.
느낌표	이렇게 많은 브랜드가 각자 폰트를 새롭게 만들어서 쓰고 있다니!
	영수증에 글을 연재하는 서점! 영수증에 랜덤으로 캐릭터가 인쇄되는 가게!
	내가 사진 편집 앱을 만든다면 이런 이름으로!
	이런 메시지라면 사람들이 기꺼이 이 브랜드의 메시지를 스스로 공유하겠구나!
	나만의 신선한 쿠폰 제도!

매일의 영감 수집으로 나를 알아가고
찾아가는 시간을 가질 수 있었다.
여러 역할을 소화하면서도 나를 잃지 않고,
내 생각과 색깔을 지켜내는 힘을 기르기 위한
다양한 방법을 모색하고 시도하는
용기가 생겼다. 리추얼 메이커에게 응원을
받으며 응원해주는 사람이 되고 싶다고
생각했다. 하루를 마무리하고 새로운 날을
감사함으로 맞이할 힘이 돼주는,
눈물과 웃음이 가득한 장이었다.
넘어져 일어나지 못했던 나에게 손을
내밀어주고 함께 뛰어줘서 감사하다.

_누리 님의 후기

Part 2

1주 차:

내 경험을

→

구체화합니다

Chapter 5

첫 30일
리추얼 플랜

매일의 영감 수집 주별 목표

매일의 영감 수집의 각 단계를 충분히 이해했다고 하더라도 매일 이를 실행하는 습관은 한순간에 이루어지지 않는다. 리추얼은 결심하는 순간 바로 행동하고 이루어지는 것이 아니라 매일매일의 애씀이 쌓이고 쌓여 점차 단단해지는 과정이다. 러닝도 처음에는 1킬로미터를 달리다 5킬로미터, 10킬로미터를 달리게 되고 그러다 20킬로미터, 40킬로미터를 달릴 수 있게 되는 것처럼 리추얼 역시 작은 근육부터 쌓아 올리는 것이 중요하다. 그러니 각 단계를 작은 단위로 시작하기를 바란다.

1주 차	**경험을 구체화하는 것에 집중한다.** 하루 중 어떤 경험 하나를 더 구체적으로 설명하는 연습을 한다.
2주 차	**경험을 수집하는 것에 집중한다.** 하루의 경험 중 하나를 선택하여 그 흔적을 수집하는 연습을 한다. 반복할수록 작은 순간을 세밀하게 관찰하려고 노력하는 나를 발견할 수 있다.
3주 차	**수집한 것을 자세히 관찰하고 물음표를 떠올리는 것에 집중한다.** 경험의 조각들 사이에서 많은 물음표를 떠올리고 하나였던 물음표를 여러 개로 확장한다. 세밀한 관찰력을 훈련하는 과정이다.
4주 차	**물음표를 따라 느낌표를 찾는 것에 집중한다.** 떠올린 물음표를 바탕으로 느낌표를 찾는 연습을 한다. 짧은 순간에도 이렇게나 많은 영감의 원천들이 존재한다는 것을 느낄 수 있다.

5주 차	**조각을 회고하고 다음 리추얼의 마음을 다짐한다.** 4주간을 회고해보며 나에게 맞는 방식, 리듬을 구조화한다.

이런 한 달 계획과 함께 이제 당신의 매일은 더욱 선명하고 영감이 가득해질 것이다. 당신은 모든 순간이 빛나는 삶을 살아갈 준비가 됐다. 아무것도 아닌 순간을 매우 특별한 순간으로 전환하는 힘은 바로 내 안에 존재한다.

Chapter 6

나만의 리듬
구상하기

나만의 리추얼 리듬 디자인하기

매일의 영감 수집 리추얼을 하기로 결심했다면 첫발은 목표를 세우고 그 목표를 이루기 위한 나만의 리듬과 더 작은 단위의 성공의 형태를 정하는 것이다.

나만의 리듬을 구성하는 몇 가지 요소들을 먼저 살펴보겠다. 한 행동학 연구에 따르면 어떤 행동이 잘 일어나게 디자인하려면 동기와 낮은 난도라는 두 가지 요인이 필요하다고 한다.

행동이 일어날 확률=동기×낮은 난도

여기서 동기는 우리를 움직이는 힘이다. 우리는 매일의 영감 수집을 하겠다고 다짐하고 이 책을 펼쳤기에 이미 동기를 어느 정도 충족했다. 때때로 이것이 부족하다고 느껴진다면 친구에게 목표를 선언하거나 함께하는 사람들을 모집함으로써 우리를 움직이기에 충분한 동기를 다시 부여할 수 있다.

낮은 난도는 내가 이루어낼 목표가 쉬워야 함을 의미한다. 작은 성공의 반복을 통해 행동을 지속할 자신감을 쌓아야 한다. 그런 성공이 자주 일어나게 만들려면 하려고 하는 행동의 난도가 낮아야 한다. 즉, 나에게 쉬운 행동을 먼저 계획하라는 뜻이다.

예를 들어 '매일 나는 에세이를 쓸 것이다'보다 '나는 하루에 한 줄을 완성하겠다'로 목표를 정할 때 그 행동을 매일매일 반복할 가능성이 높다. 내 행동의 난도를 조정하기 위해 첫 주는 무척 쉬운 단계를 반복 실행해 익숙해지는 연습을 하기로 한다.

자, 이 두 가지를 어떻게 설정할지 곰곰이 생각했다면 이제 나만의 리추얼 리듬을 디자인해보자. 내 예시를 들어보겠다.

1주 차 계획

시간: 매일 밤 9~10시

장소: 우리 집 내 책상

목표: 월, 화, 수, 목, 금 주 5회 목표

집중: 하루의 경험을 구체적으로 설명하기

이렇게 1주 차의 리듬을 구상했다면 더 구체적으로 일주일을 계획해보자. 첫 달의 첫 주는 연습 주간이므로 자유롭게 진행하기보다는 사전에 계획한 방식을 따르며 길을 잃지 않는 것이 중요하다.

Day 1. 월	[일상] 오늘 아침 시간 30분을 적어보기
Day 2. 화	[공간] 최근 다녀온 장소의 경험을 적어보기
Day 3. 수	[소비] 오늘 구매 내역 중 하나를 골라 설명하기
Day 4. 목	[물건] 가방 안을 살펴보고 물건 세 개를 골라 그중 하나 설명하기

Day 5. 금	[행동 기억] 4일간 애쓴 나를 위해 오늘 찍은 사진 한 장!

　이렇게 일주일을 미리 구상하면 리추얼을 어떻게 지속해야 할지 막막해지는 상황을 대비할 수 있다. 행동이 자연스럽게 삶에 스며들기까지는 직접 계획을 세우며 다양한 훈련을 해볼 것을 권장한다. 멋진 몸을 만들기 위해 PT를 받을 때 트레이너가 짜놓은 커리큘럼에 맞춰 진행하다가 그에 익숙해지면 내가 원하는 근육을 키우기 위한 코스를 스스로 구성하는 능력이 자연스럽게 생기는 것과 동일한 원리다. 이렇게 구체적으로 내 리듬을 구상하고 한 주를 예상해봤으니 이제 한 발 내딛을 차례다.

1주 차 계획 세우기

시간:

장소:

목표:

집중:

매일의 영감 수집으로
가장 크게 변화된 점은 두 가지다.
첫 번째는 노트 한 권을 끝까지 작성할 힘이
생겼다. 과거에는 노트를 쓰다가
마음에 들지 않으면 찢어 버렸다. 그런데
리추얼을 함께하며 '그냥 이 상태로도
괜찮구나!'를 깨달았다.
두 번째는 주변에 질문을 던지고
답을 찾는 힘이 생겼다. 나는 어렸을 때부터
질문과 호기심이 많았지만 귀찮아서 질문만
하고 답을 찾아보지 않았다. 그런데 내가
좋아하고 관심 있는 것에 질문을 던지고
하나씩 답을 찾아가는 과정을 반복하다 보니
나만의 관점과 기준이 점점 세워졌다.
이런 노력이 더 나은 나를 만들었고 그렇게
조금씩 나아가는 나를 좋아하게 됐다.

_선아 님의 후기

Chapter 7

경험을
구체화하기

첫 번째 단계:
경험하기

자, 이제 첫 주의 리추얼을 시작해보자. 첫 주는 앞서 이야기한 것처럼 매일의 영감 수집 네 단계 중 첫 번째 단계인 '경험'을 하는 시기다.

경험   수집   물음표   느낌표

첫 번째 주의 목표:
경험 구체화에 익숙해지기

첫 주에는 일주일간 경험을 구체화하는 연습을 해본다. 내 하루에 존재한 시간들을 선명하게 만드는 과정이다. 구체적으로 선뜻 떠오르지 않는다면 이렇게 작은 질문으로 시작해보자.

- 오늘 다녀온 곳이 있나요?
- 오늘 만난 사람이 있나요?
- 오늘 읽은 책이 있나요?
- 오늘 무슨 일을 했나요?
- 내 가방 안을 들여다볼까요?
- 내 책상 위를 살펴볼까요?

그다음 각 주제에 따라 일주일의 리추얼 계획을 세운다. 앞서 적었던 계획표를 다시 펼쳐보기로 한다.

Day 1. 월	[일상] 오늘 아침 시간 30분을 적어보기

Day 2. 화	[공간] 최근 다녀온 장소의 경험을 적어보기
Day 3. 수	[소비] 오늘 구매 내역 중 하나를 골라 설명하기
Day 4. 목	[물건] 가방 안을 살펴보고 물건 세 개를 골라 그중 하나 설명하기
Day 5. 금	[행동 기억] 4일간 애쓴 나를 위해 오늘 찍은 사진 한 장!

Day 1.
오늘 아침 시간 30분을 적어보기

매일 반복되는 아침이라고 생각할 수도 있지만 그 시간을
구체화하기 시작하면 작은 변화, 즐거운 순간, 놓칠 뻔한
소중한 마음을 발견할 수 있다.

7시 30분 기상. 잠결에 이불을 머리끝까지 끌어당겨

덮었다가 일어났다. 아침 온도가 확 달라졌다. 어젯밤은
여름이었는데 오늘은 가을이 된 것 같은 느낌이 들었다.
세수와 양치질을 했다. 엊그제 욕실 정리를 했더니 아침에
준비할 때마다 기분이 좋다. 요새 쓰는 세안 비누는
T 브랜드의 올리브 비누다. 향이 무척 좋다. 요즘 쓰는
치약은 제주에서 사 온 숯자 치약이다. 왠지 모르게 더
상쾌한 기분이 드는 치약이다. 그러고는 생일에 친구에게
선물 받은 W 브랜드의 귀여운 토끼 패턴 수건으로 닦고
기분 좋게 아침을 시작했다. 외출 준비는 항상 같은 순서인
것 같지만 때때로 수건이나 칫솔이 달라진다는 점, 새로

선물 받은 화장품이 생기면 화장품을 바르는 순서가 조금씩
바뀐다는 점, 그 사이사이 내 루틴이 있고 변주가 된다는
점이 새삼 재밌는 관찰거리다.

요즘은 다른 어느 때보다 피부관리에 신경 쓰려고 노력
중이다. 매일 스킨에 로션 하나 바르고 나가는 것이
고작이었던 내가 노하우는 없지만 선물 받은 좋은 제품들을
정성껏 잊지 않고 바르고 있다. 그것만으로도 충분하다.

나에게는 화장대가 별도로 없다. 침실에 만들어둔 서랍장
위에 예쁜 거울 하나 달았더니 그것이 곧 화장대가 됐다.
오늘도 그 거울과 그 거울의 위치가 참 마음에 들었다.

출근을 서두르며 텀블러에 얼음과 냉수를 가득 담았다.
800밀리리터짜리 텀블러니까 오늘도 여기에 세 번 가득
물을 마셔서 2리터 물 마시기를 꼭 성공해야지 하는 마음을
먹었다.

8시 출근.

아침 시간 30분에 이렇게나 많은 일이 존재하고 다양
한 생각이 사이사이 피어오른다는 것이 신기할 따름이다.
이 30분을 문장으로 구체화하며 쓰면서 여러 번 웃었다.
눈이 반쯤 감긴 채로 오스스 떨며 일어났던 아침이었는데
'여름이 가고 가을이 왔네' 하는 생각이 스쳐 지나간 것이
좋았고, 선물 받은 수건을 쓰면서 선물을 준 친구가 떠올

랐다는 것도 좋았다.

첫 번째 단계인 경험을 구체화하기는 뭉툭한 덩어리였던 30분을 아주 세밀한 1000피스 퍼즐처럼 쪼개보고 그 조각들이 다 맞춰져 만들어낸 아름다운 그림 한 편을 보는 연습을 하는 것이다.

Day 2.
최근 다녀온 장소의 경험을 적어보기

자, 이제는 이튿날인 공간에 대한 경험을 적어볼 차례다. 먼저 예시를 들어보겠다.

장소: 친구들과 함께 간 카페 F

친구들과 저녁 강연 장소로 향하다 한 시간가량 여유 시간을 알차게 보내기 위해 근처 카페를 들르기로 했다. 우리는 어떤 카페를 갈 것인지에 대해 무척이나 진지하게 논의했다. 주차할 수 있는지, 커피가 특별한지, 가야 하는 이유가 있는지 등 각각의 기준으로 카페를 추천했다. 마침 여의도로 향하던 마포대교 앞, 공덕역 근처였고 그 근처의 가고 싶었던 카페 F로 가자는 데 모두 동의했다.

F는 일단 장소가 탁월했다. 주택을 개조해서 만들었는데,

마당을 통해 카페에 들어갈 때 누군가의 집에 초대된 기분이
들어 좋았다. 들어가니 좋은 커피향과 빵 냄새가 가득했다.
사람들이 삼삼오오 앉은 풍경이 규격화된 카페의 모습이
아니라 집 안에서 이리저리 다양하게 앉은 모습이라 더욱
정겨웠다. 커피의 종류가 다양했고, 기대했던 것보다 빵의
종류도 무척 많았다.

더욱 재밌었던 것은 이 커피 브랜드의 MD였다. 위트 있는 상품부터 커피를 설명하는 인쇄물까지 다양한 MD가 가득해서 단순히 커피뿐만 아니라 종합적인 경험을 즐기는 곳이라고 느끼기에 충분했다.

2층에 자리를 잡고 보니 사람들이 꽤 많았는데도 시끄럽지 않고 도란도란 떠드는 모습들이 좋았다. 특히나 눈에 띄었던 것은 배달원이 픽업하는 곳을 지정한 테이블. 매장을 이용할 사람들에게도 불편하지 않을 동선을 만들고 배달원과 직원도 서로 소통하는 데 어려움이 없도록 배려한 것이 무척 인상 깊었다.

친구들과 커피를 마시러 가는 것은 흔한 경험이다. 평범한 사건 사이에 존재하는 작은 조각들을 들여다보기 위해 곰곰이 그 시간을 떠올리고 구체화해보자. 구체적인 경험의 조각들 사이에는 누군가의 다양한 노력, 그들이 소통하는 방식, 내 취향의 방향이 드러난다.

Day 3.
오늘 구매 내역 중 하나를 골라 설명하기

셋째 날은 소비에 대한 경험을 구체화하는 날이다. 오늘 구매한 물건 중 하나를 설명해보자.

뭘 샀냐면: T 브랜드의 다이어리

평소에도 좋아하는 T 브랜드에서 신제품이 나와 팝업
전시를 한다고 했다. 문구를 좋아하는 친구들과 달려갔다.
전시에서는 신제품과 함께 그 종이에 찰떡 짝꿍이 될 만한
만년필과 잉크를 시필해볼 수 있었다. 무엇보다 이 브랜드의
모든 제품을 한꺼번에 만나볼 수 있다는 점이 좋았다.

종이에 진심인 T의 다양한 제품을 한데 모아두니 제품마다
다른 종이를 쓴 이유와 각각의 용도에 대해서 좀 더
구체적으로 이해할 수 있었다. 스웨덴 문켄 종이, 독일
그문트 종이, 일본 토모에리버 종이, 피그 종이 등 다양한
종이의 이름과 출신, 특징, 필기감 등에 대한 설명을 듣다
보니 우리가 이때까지 써온 모든 노트와 종이가 특별하게
느껴졌다. 노트 같은 제품이 그저 종이 뭉치가 아니라는
점, 매우 섬세한 고민과 조합 끝에 만들어진다는 점이
감탄스러웠다.

나는 여러 제품 중 일주일이 한 번에 보이는 위클리
다이어리를 하나 구매했다. 라인이 단정하게 그려져
있어 얇은 펜으로 글씨를 쓰면 좋겠다는 마음이 들었다.
집에 돌아와 제품을 열어보니 해당 제품에 쓰인 종이로
만든 시필지가 들어 있어서 실제로 써보면서 다이어리에
적합한 필기구를 선택할 수 있었다. 0.28밀리미터 볼펜을
사용하기로 마음 먹고 이 위클리 다이어리의 용도를
생각해봤다. 매일의 소비 일기를 기록하는 다이어리로
써야지!

하루에도 수많은 소비를 한다. 출근길 교통 요금을 지
불하고 모닝커피를 산다. 점심을 먹으며 회사 사람들과
함께 이야기했던 청소용품이 마음에 들어서 냉큼 온라인

으로 주문한다. 퇴근 후 들른 작은 가게에서는 나를 위한 선물을 구매한다. 주말에 놀러 갈 전시 티켓을 예약하고 침대에 누워 인스타그램을 하다가 친구의 피드에서 본 제철 과일이 맛있어 보여 따라 산다. 이렇게 많은 소비의 순간을 좀 더 깊이 들여다보면 소비 그 너머의 의미와 즐거움을 느낄 수 있다.

Day 4.
가방 안을 살펴보고 물건 세 개를 골라
그중 하나 설명하기

넷째 날이다. 오늘은 가방 안의 물건 중 세 개를 고르고 그중 하나를 구체적으로 설명해보자.

내 가방 안 물건: 무선 키보드, A7 작은 노트, 고체 치약
10년 넘게 쓰고 있는 무선 키보드. 하루도 빼먹지 않고 챙기는 물건이다. 온종일 휴대폰으로 무엇을 하는 시간이 많다. 그런데 타이핑하는 내내 유독 엄지손가락이 아프기도 하고 생각보다 속도가 나지 않아 답답해한다. 이 무선 키보드는 효율성과 편리함 두 가지를 모두 충족시키는 물건이다. 화면이 조금씩 더 커지면서 휴대폰이 컴퓨터

못지않은 역할을 할 수 있게 된 것은 다 이 무선 키보드
덕분이다. 이 키보드를 계속 사용하는 이유는 이 키보드처럼
작게 접히는 제품이 적고, 타자 칠 때 터치감이 쫀득하고,
무엇보다 10년이 넘도록 고장이 나지 않아서다. 블루투스도
두 개까지 연결 가능해서 핸드폰, 태블릿과 각각 하나씩
연결할 수 있어 무척 유용하다. 그리고 OS마다 각각 다른
키보드 기능을 위해 OS 역시 선택할 수 있어서 무척
편리하다. 이 키보드를 꺼내 카페에서 무엇인가를 쓰고
있으면 사람들이 항상 궁금해한다. 내 자랑스러운 물건이다.

가방 안에 매일 존재하는 물건들을 자세히 관찰해본다. 그것들이 내 가방 안에 항상 존재하는 이유가 있다. 출입 카드, 명함, 노트북 등 업무에 필요한 물건, 지갑, 커피 쿠폰, 일회용 가글 등 일상생활에 필요한 물건, 책, 작은 노트들, 귀여운 키링 등 나를 즐겁게 할 물건 등 그 물건을 가방 안에 넣은 순간, 그때 스쳐 지나간 그것의 쓸모와 가치에 대해 더 자세히 살펴보는 연습을 해보자. 제품 사용 설명서가 아닌 나 자신을 위한 '쓸모 설명서'를 만들면 물건이 내 삶에 기여하는 부분을 들여다볼 수 있다.

Day 5.
4일간 애쓴 나를 위해 오늘 찍은 사진 한 장!

다섯째 날이다. 4일간 구체화하느라 애쓴 나를 위해 오늘의 장면 하나를 사진으로 남겨보자.

무척 낯선 노력을 한 첫 주의 마지막 날, 스스로를 칭찬하자. 한 주간 매일의 영감 수집을 하느라 애썼다면 하루쯤은 조금 쉽게 그 시간을 지켜본다.

오늘의 장면: 문구로 만든 크리스마스 트리!

그저 일정한 시간에 앉아 있는 것 또한 리추얼 근육을 기르는 데 무척 큰 역할을 한다. 긴장을 풀고 그날 문득 포착한 장면 하나를 수집한다. 이런 연습은 우리 삶의 모든 순간을 애써 관찰하고 소중히 대하는 방법을 알려준다.

흘러가는 일상에 의미를 불어넣고 싶었다.
그렇게 시작한 매일의 영감 수집은
예상보다 더 많은 것을 알려줬다.
다른 사람들이 수집한 영감을 보면서 새로운
시각을 얻었다. 핸드폰을 내려놓고 주위를
관찰하는 시간이 늘어나면서 나를 둘러싼
것들에 더 관심을 가지게 됐다. 영감을 일부러
찾아다니기보다 익숙한 일상에서 그것을
발견하는 과정이 더 중요하다는 걸 깨달았다.
하루를 그저 흘려보내지 않고 나를
더 깊이 들여다볼 수 있었다.

_녹녹 님의 후기

Part 3

2주 차:

작은 순간을

수집합니다

Chapter 8

일상의 조각
수집하기

두 번째 단계: 수집하기

첫 주에는 경험을 구체화하는 연습을 했다면 두 번째 주에는 그 경험의 조각들을 찾아내고 수집하는 것에 집중한다. 이는 매일의 영감 수집 중 2단계 '수집'에 해당한다.

문장으로 설명한 시간, 순간, 경험을 어떻게 하면 눈에

보이는 조각으로 구체화할 수 있을까? 하루의 경험 중 하나를 선택하여 그 흔적을 수집하는 것을 연습해보자. 반복할수록 작은 순간도 세밀하게 관찰하려고 노력하는 나를 발견할 수 있다. 2주 차 계획은 다음과 같이 세워볼 수 있다.

2주 차 계획

시간: 매일 밤 9~10시

장소: 우리 집 내 책상

목표: 월, 화, 수, 목, 금 주 5회

집중: 경험의 조각을 찾아내고 수집하기

일상의 조각을 어떻게 수집할까?

일상은 어떤 흔적 또는 조각으로 수집할 수 있을까? 이 생각을 염두에 두고 하루를 지내다 보면 매 순간 두리번거리며 수집할 조각을 찾게 된다. 예를 들어 모닝커피를 사러 들어간 카페에서는 커피 쿠폰, 테이크아웃 컵과 슬리브를 가져올 수 있다.

점심시간, 회사 사람들과 새로 생긴 미역국 가게에 갔는데 다양한 재료로 만든 미역국을 판매하는 것이 너무 좋았다. 맛있게 점심을 먹고 문득 '어, 이 점심을 어떻게 수집하지?' 생각한 찰나 가게 명함이 눈에 들어왔다. 명함을 다양한 미역국 재료를 모티브로 만든 것 아닌가! 사장님께 종류별로 명함들을 가져가겠다 하니 무척 반가운 얼굴로 명함을 그렇게 만든 이유를 설명하며 챙겨주셨다.

내가 남기겠다고 의도한 순간을 눈으로 확인하는 이 과정은 순간을 더 선명하고 정확하게 인지하게 해준다. 이런 연습을 통해 세밀한 관찰력을 키울 수 있다. 덤으로 보이지 않던 것이 보이는 짜릿한 쾌감을 누리는 경험까지!

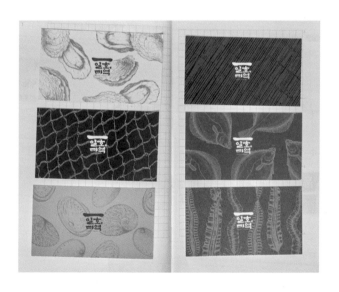

2주 차 계획 세우기

시간: _____

장소: _____

목표: _____

집중: _____

그냥 수집하기만 했던 종이, 스티커에
물음표를 붙이면서 질문을 떠올리는 호기심,
질문에 대한 가설을 세워보는 스토리텔링
능력, 느낌표를 찾아보는 힘을 배웠다.
예전보다 관찰력이 발전했고 어디에 가든
가져올 수 있는 건 모두 가져오는, 얼굴에
철판 까는 힘이 생겼다. 그리고 무언가에
파고드는 힘이나 여러 브랜드, 상품, 서비스를
사랑하는 힘, 그것을 보고 내가 왜 그런 생각이
들었는지 스스로를 알아봐주는 힘이 생겼다.

_민지민 님의 후기

Chapter 9

매일의 경험 조각
수집하기

두 번째 주의 목표:
매일의 경험 조각 수집하기

2주 차는 매일의 경험 조각을 수집하는 주다. 수집 연습을 위해 1주 차 계획표를 토대로 계획을 세워보자.

첫 주에 경험을 구체화했다면 이번 주는 구체화한 순간의 조각들을 수집하는 것에 집중하자. 예를 들어 첫 번째 날 아침 시간 30분을 구체화하는 과정에서 여러 작은 순간들을 마주했다면 이번에는 그중 한 조각을 수집하는 것이다.

Day 6.
아침 시간의 조각

아침 시간 30분의 조각을 수집하기 위해 앞서 첫 번째 날 구체화한 경험 중 일부를 다시 살펴보자.

7시 30분 기상. 잠결에 이불을 머리끝까지 끌어당겨
덮었다가 일어났다. 아침 온도가 확 달라졌다. 어젯밤은
여름이었는데 오늘은 가을이 된 것 같은 느낌이 들었다.
세수와 양치질을 했다. 엊그제 욕실 정리를 했더니 아침에
준비할 때마다 기분이 좋다. 요새 쓰는 세안 비누는
T 브랜드의 올리브 비누다. 향이 무척 좋다. 요즘 쓰는
치약은 **제주에서 사 온 숫자 치약**이다. 왠지 모르게 더
상쾌한 기분이 드는 치약이다. 그러고는 생일에 친구에게
선물 받은 **W 브랜드의 귀여운 토끼 패턴 수건**으로 닦고

기분 좋게 아침을 시작했다. 외출 준비는 항상 같은 순서인
것 같지만 때때로 수건이나 칫솔이 달라진다는 점, 새로
선물 받은 화장품이 생기면 화장품을 바르는 순서가 조금씩
바뀐다는 점, 그 사이사이 내 루틴이 있고 변주가 된다는
점이 새삼 재밌는 관찰거리다. (이하 생략)

여기서 수집할 만한 순간 조각으로는 무엇이 있을까?
이런 예를 들 수 있다.

- T 브랜드 올리브 비누의 패키지 종이, 설명서
- 제주에서 사 온 숫자 치약 이미지를 인쇄한 종이
- W 브랜드의 토끼 패턴 수건을 펜으로 그린 그림

이것이 바로 경험의 흔적을 찾아 삶을 여행하는 새로운
방식이다.

Day 7.
방문한 카페의 조각

일곱 번째 날에는 방문한 카페의 조각을 수집해보자. 앞
서 두 번째 날 구체화한 카페 방문 경험 중 일부를 다시 예

로 들어보겠다.

(상략) 더욱 재밌었던 것은 이 **커피 브랜드의 MD**였다. 위트 있는 상품부터 **커피를 설명하는 인쇄물**까지 다양한 MD가 가득해서 단순히 커피뿐만 아니라 종합적인 경험을 즐기는 곳이라고 느끼기에 충분했다. (이하 생략)

카페를 다녀온 경험에서 어떤 조각을 수집할 수 있을까? 찻잔의 흔적이 남은 종이 코스터를 가져올 수도 있고, 홍보물, MD 또는 카페 쿠폰이나 영수증도 그 조각이 될 수 있다.

이런 조각을 수집하는 연습을 하다 보면 자연스럽게 어떤 곳에 방문했을 때 작은 인쇄물도 쉽게 지나치지 않고 살펴보는 습관을 가지게 된다. 그러면 어느덧 가게 명함이나 로고가 찍힌 티슈까지도 소중한 조각으로 보인다.

Day 8.
구매한 물건의 조각

이번에는 소비의 조각을 수집할 차례다. 세 번째 날의 소비 경험 중 일부를 예로 들어보자.

(상략) 나는 여러 내지 디자인 중 일주일이 한 번에 보이는 **위클리 다이어리**를 하나 구매했다. 라인이 단정하게 그려져 있어 얇은 펜으로 글씨를 쓰면 좋겠다는 마음이 들었다. 집에 돌아와 제품을 열어보니 해당 제품에 쓰인 종이로 **시필지**가 들어 있어서 실제로 써보면서 다이어리에 적합한 필기구를 선택할 수 있었다. 0.28밀리미터 볼펜을 사용하기로 마음

먹고 이 위클리 다이어리의 용도를 생각해봤다. 매일의 소비 일기를 기록하는 다이어리로 써야지!

우리는 수많은 소비를 하며 살아간다. 그 하나하나가

삶의 경험이자 흔적이 된다. 그리고 그것을 수집하기 위한 조각은 실로 많다. 다이어리를 구매한 경험에서는 이런 조각을 수집할 수 있다.

- 다이어리 포장지
- 다이어리 포장 스티커
- 다이어리에 포함돼 있던 시필지
- 브랜드 설명서

소비는 많은 조각을 남긴다. 구체화한 경험은 특별한 영수증, 자세한 분리수거 설명서 등으로 다시 한 번 확인할 수 있다. 이를 통해 그 소비는 더욱 빛을 발하고 소비의 이유는 더욱 분명해질 것이다.

Day 9.
내 서랍 안 보물 찾기

책상 서랍을 열어본다. 언젠가 다시 읽어보고 싶었던 전시회의 브로슈어와 리플릿, 여행 기록, 각종 브랜드 스티커가 가득하다. 오랫동안 쓸모의 이유를 찾지 못한 작은 조각들이 켜켜이 쌓이면 경험의 기억이 희미해진다. 이 보

물들에게 다시 의미를 되찾아주는 날을 만들어보자.

Day 10.
내가 좋아하는 것

때론 하루를 정리하는 게 버거운 날이 있다. 자연스러운 일이다. 그럴 때면 그런 내 상태를 인정하고 아껴주기로 한다.

그렇다고 아무것도 하지 않고 그날을 지나치면 그다음 날도 포기하기 쉬워진다. 우리 행동은 방향성을 가지고 있다. 계속해나가는 힘을 기를 때 가장 중요한 것은 멈추

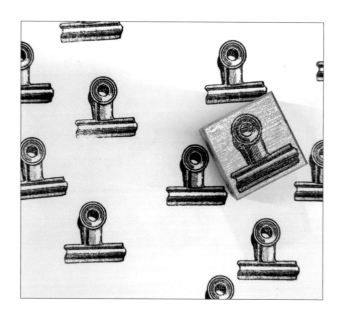

지 않는 것이다. 어깨에 힘을 빼고 내가 좋아하는 일을 하
며 시간을 잠시 보내거나 '오늘은 못한다'라고 커다랗게
노트 한 쪽에 적는 것도 괜찮다. 그저 마음의 방향에 행동
했어야 하는 시간을 각인시키는 것이다.

2주 차 사례로 소개한 주제 외에 나름대로 삶의 조각이
될 만한 주제를 떠올려보자. 자연스럽게 일상에서 흔적을
수집해도 좋다. 이 과정에서 당신의 하루는 더 구체적으로
기억되고 경험의 조각을 발견하는 근육이 길러질 것이다.

남들은 내가 긍정적으로 표현하고
좋아하는 것에 몸소 도전하는 스타일이라고
알고 있었지만 사실 나는 보여지는 것보다
내면에서 많은 충돌을 겪는 사람이었다.
좋아하는 것도 한 번 의심하고 보는
성격이랄까? 그런데 매일의 영감 수집을
하면서 내가 좋아하는 것들을 더 잘 관찰하고
표현하는 사람이 됐다. '왜' 좋은지 계속해서
스스로에게 물어보게 됐고, 내가 좋아하는
것을 소중하게 여기게 됐다. 좋아하는 것을
제대로 마주하고 더 오래 좋아할 수 있도록
나를 관찰하는 근육을 길렀다. 표면적으로만
좋다고 하는 것이 아니라 그것을
깊게 파고드는 끈기도 배웠다.

_두두 님의 후기

Part 4

3주 차:

숨겨진 1인치를

관찰합니다

Chapter 10

숨겨진 1인치
발견하기

세 번째 단계: 물음표 떠올리기

1주 차에서 경험을 구체화하는 근육을 키우고 2주 차에서 그 경험들의 조각들을 수집하는 연습을 했다. 세 번째 단계는 물음표, 즉 호기심을 자극하는 것들을 찾아보자. 매일의 영감 수집은 기술이 아니라 태도를 배우는 과정이다. 삶의 작은 순간을 소중히 여기고 그 작은 순간들로부터 생각을 발전시키는 태도는 물론 삶을 통해 배움의 태도를 익히는 행위다.

3주 차 계획을 구체적으로 이렇게 세울 수 있다.

3주 차 계획

시간: 매일 밤 9~10시

장소: 우리 집 내 책상

목표: 월, 화, 수, 목, 금 주 5회

집중: 각각의 조각들에서 물음표를 수집하기

수집한 조각 너머 숨겨진 1인치로 향하는 문을 여는 것이 바로 물음표다. 다양한 조각을 수집했다면, 그것을 물끄러미 바라보며 떠오르는 물음표의 순간을 놓치지 말자. 우리는 살아가며 많은 순간을 그냥 지나친다. 또는 떠올랐던 생각을 놓쳐버리기 일쑤다. 이제 그렇게 흘려보낸 순간을 붙잡는 연습을 하는 것이다.

3주 차 계획 세우기

시간: _____

장소: _____

목표: _____

집중: _____

마케터로 일하면서도 내가 정말
마케터가 맞나 싶을 때가 많았다. 나에게
영감 수집 리추얼은 단순히 개인적인 기록이
아니라 다른 사람의 시선을 통해 생각이
확장되는 과정이다. 혼자만의 관찰로는
얻을 수 없는 시야가 열렸고, 다양한 직업과
취향을 가진 이들의 이야기로 새로운 세계를
접했다. 그렇게 내가 어떤 것을 좋아하는지,
그 이유는 무엇인지 고민하며
나 자신을 더 잘 알게 됐다.

_솔지 님의 후기

Chapter 11

물음표
수집하기

세 번째 주의 목표:
물음표 붙잡아보기

앞서 경험을 구체화하고 그것의 조각을 수집하는 연습을 했다면 3단계에는 본격적으로 세밀한 관찰력을 키워보자. 방법은 간단하다. 내가 수집한 조각들을 유심히 관찰하고 그 과정에서 머릿속에 자연스럽게 떠오르는 물음표를 붙잡으면 된다.

예를 들어 이런 물음표를 떠올릴 수 있다.

- 아, 이런 폰트를 사용했네?

- 영수증에는 모두 이렇게 똑같은 항목이 들어가나?

- 왜 서비스 이름을 이렇게 지었을까?

- 왜 이런 스티커를 주는 걸까?

- 왜 열 번 먹으면 한 번 공짜로 주지?

삶의 작은 조각들 사이로 호기심이 마음껏 유영하게 하자. 떠오른 물음표를 따라가다 보이지 않았던 것을 보게 되는 순간을 마주할 것이다. 이제 그 여정을 시작해보자!

Day 11.
물음표 떠올리기

경험 조각을 수집하면 그것을 곰곰이 바라보게 될 것이다. 그렇게 이리저리 자세히 관찰하다 보면 자연스럽게 물음표가 떠오른다.

사소한 궁금증이어도 하찮다 생각지 말고 물음표를 수집해보자. 물음표 사이를 누비다 뜻하지 않게 새로운 곳으로 빠져들게 될 수도 있다. 그 짜릿한 경험을 통해 삶의 작은 순간들이 건네는 영감의 신호를 놓치지 않기를 바란다.

경험 수집

방콕 출장을 다녀왔다. 이곳에서만 살 수 있는 것들을 찾아 헤맸다. 요즘은 정말 마음먹으면 어디서든 다른 나라의 물건을 살 수 있는데도 왜 그렇게 그것들을 찾아다녔을까? 그것 또한 여행의 즐거움이기 때문이지 않을까 하는 생각이 들었다.

사람들이 우르르 몰린 곳을 따라 가니 눈에 띄는 빨간 박스. 박스에 그려진 할아버지의 카리스마 넘치는 얼굴 때문에라도 '아, 믿을 수 있는 물건인 것 같다'는 생각이 스쳤다. 나도 덩달아 몇 개 구매했다. 박스 안에 들어있던 오일을 꺼내고 박스를 노트에 수집했다.

물음표들

- 어느 나라든 그곳에 있는 특별한 무언가를 사고 싶은 마음이 드는 것은 왜일까?

- 방콕에서만 구할 수 있는 특별한 물건들은 무엇일까?

- 박스에 그려진 이 할아버지는 누구지?

- 이 오일은 무엇에 좋은 것일까?

- 이렇게 포장에 얼굴을 넣으면 사람들에게 신뢰를 줄까? 우리나라 국밥집 간판에 사장님 얼굴 사진이 들어가 있는 것처럼? 책 띠지에 작가 사진이 들어가는 것처럼?

- 왜 방콕의 허브 오일은 유명할까?

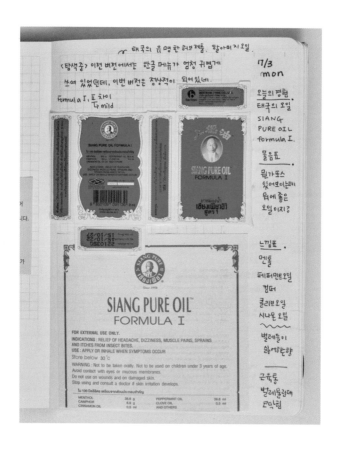

Day 12.
확장된 세상으로의 물음표

물음표를 마주하고 나면 자연스럽게 이어지는 확장된 세상을 확인해보자. 예를 들어 선물을 받고 '멋진 선물이구나' 하며 감탄에서 끝나지 말고 그 선물을 통해 새로운 단어를 배우고 새로운 세상에 대한 지식을 탐색하는 것이다. 그렇게 한 경험은 다음 경험으로 이어진다.

경험의 조각들을 애써 수집하고 나면 그 수고 덕분에 그것을 자세히 들여다보게 된다. 수집이 관찰로 이어지고 관찰이 물음표를 이끌어내는 과정은 호기심의 문을 열고 찰나를 영감으로 전환한다.

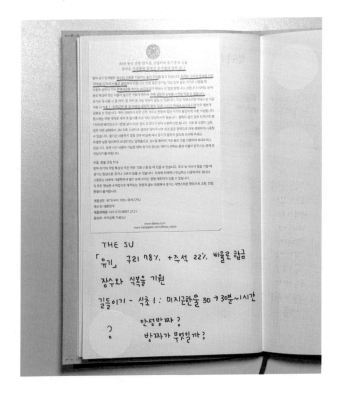

경험 수집

멋진 그릇을 선물 받았다. 선물 상자 안에 함께 들어 있던 브랜드 소개와 사용법, 환불 규정 등이 담긴 종이를 수집했다. 종이에 적힌 글을 천천히 읽으며 많은 물음표가 떠올랐다.

물음표들

• 유기가 뭐지?

• 방짜가 뭐지?

• 안성 방짜는 무엇일까?

• 유기는 우리나라의 그릇인가? 어디에서 유래했지?

Day 13.
직업적 물음표 쏟아내기

팝업이나 전시에서 수집한 조각을 관찰하다 보면 저절로 일하면서 고민했을 법한 물음표가 쏟아져 나온다. 그렇게 일과 관련한 좋은 질문을 하는 방법을 연습하게 된다. 내 일상과 일이 공존하는 순간이다. 일의 근육 또한 삶에서 자연스럽게 키울 수 있다. 적극적으로 직업적 물음표를 떠올려보자.

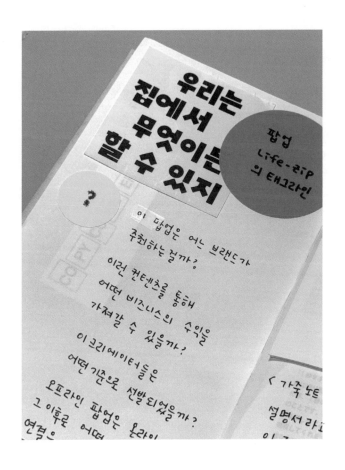

경험 수집

한 브랜드의 서브 브랜드 서비스의 팝업에 다녀왔다. 팝업
현장에서 받은 작은 스티커를 하나 수집했다. 수집한
스티커는 해당 브랜드의 태그라인(주제어)인데 스티커를
붙이고 나니 절로 궁금증이 생겼다.

<u>물음표들</u>

- 이 팝업은 어느 브랜드가 주최하는 걸까?

- 왜 서브 브랜드를 이용해서 런칭했을까?

- 이런 콘텐츠를 통해 어떤 비즈니스 수익을 가져갈 수 있을까?

- 팝업에 참가한 크리에이터는 어떤 기준으로 선발됐을까?

- 오프라인 팝업 전시는 온라인 또는 그 이후의 비즈니스에 어떻게 지속적인 영향을 미칠 수 있을까?

Day 14.
무엇이 다른지 궁금해하기

물음표를 떠올리는 방법은 다양하다. 생소한 조각을 수집했다면 기존에 알던 것과 무엇이 다른지 차이점을 찾아내보자. 수많은 궁금증이 파생될 것이다.

<u>경험 수집</u>

호주를 여행할 때 방문한 카페의 쿠폰과 한국에서 간 카페의 쿠폰이 나란히 지갑 안에 있었다. 호주 카페 쿠폰을 여행의 조각으로 수집하고 관찰했다.

'어, 여기는 아홉 잔을 마시면 열 번째가 무료네!'

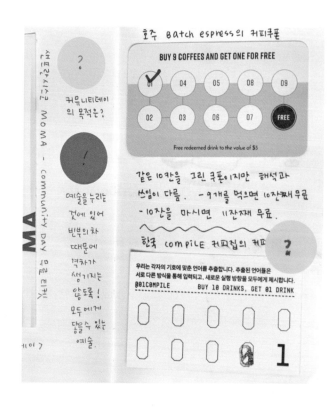

한국에서는 대부분 열 잔을 마시면 그 쿠폰을 가지고 열한
번째 커피를 무료로 마실 수 있는데 호주는 그렇지 않았다.

물음표들

- 호주와 한국의 쿠폰 제도는 왜 다를까?
- 10이라는 숫자를 바라보는 관점이 다를까?
- 다른 나라는 이런 프로모션을 어떻게 진행할까?

- 한국에서도 다른 방식으로 숫자를 활용하는 곳이 있을까?

- 왜 열 개라는 기준이 생긴 걸까?

- 내가 쿠폰 제도를 새롭게 제안한다면?

Day 15.
한 걸음 더 나아가 궁금해하기

경험의 조각을 수집했다면 조각 자체에 대한 궁금증은 물론 그 조각을 둘러싼 배경이 어떻게 만들어지고 작동하는지와 같은 한 걸음 더 나아간 궁금증까지 떠올려보자. 좋은 물음표를 수집할 수 있을 것이다.

경험 수집

서점에 갔더니 '문장 수집 책갈피'를 줬다. '문장 수집을 통해서 어떤 비즈니스 성과를 가져오고 싶었던 걸까?'라는 질문이 자연스럽게 떠올랐다. 그렇게 물음표를 수집했다.

물음표들

- 문장 수집이 책 판매량에 영향을 미칠까?

- 만약 그렇다면 어떻게 성과를 측정할 수 있을까?

- 문장 수집 플랫폼에는 어떤 기능이 존재할까? 예를 들어

하이라이트 기능, 문장을 소셜 플랫폼에 공유하는 기능….

- 다른 사람들은 문장을 어떻게 수집할까? 노트에
  필사할까? 디지털로 메모할까?

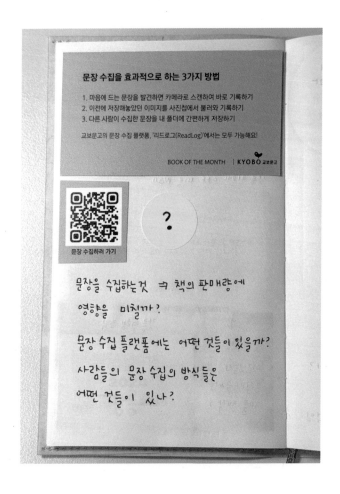

Chapter 12

물음표 수집의
팁

물음표를 수집하는 두 가지 방법

작은 조각을 수집하고 물음표를 떠올리는 일이 처음부터 쉽지는 않다. 그럴 때 참고할 수 있는 물음표 수집의 팁을 공유한다.

첫 번째 방법은 직관적 관찰로부터 물음표를 수집하는 것이다. 앞서 이야기한 방콕 출장 중 오일을 구매한 경험을 예로 살펴보자.

경험	방콕에서 포장에 할아버지가 그려진 오일을 구매
수집	오일이 들어 있던 박스를 오려서 수집
직관적 관찰	• 할아버지 사진 • 브랜드의 이름 • 박스 색깔 • 포함 원료 • 상품 관련 인증 로고

오일이 들어 있던 상자를 수집해 여러 정보를 얻었다. 이렇게 직관적으로 관찰한 내용을 물음표로 전환해보자.

할아버지 사진?

• 이 할아버지는 누구지?

브랜드의 이름?

• 브랜드 이름의 의미는 무엇이지?

박스의 색깔

• 왜 이렇게 강렬한 빨간색을 썼을까?

두 번째 방법은 물음표의 꼬리를 잇는 것이다. 즉, 첫 번째 직관적 질문에서 이어지는 물음표를 찾는다. 오일 구매 경험의 예를 계속 들어보겠다.

이 할아버지는 누구지?

- 할아버지 사진은 왜 넣었을까?
- 우리나라 해장국집 간판에 할머니 사장님의 사진을 넣는 것과 일맥상통하는 것 같은데, 제품에 누군가의 얼굴 사진을 넣으면 고객의 신뢰도가 올라갈까? 이에 관련된 조사 자료가 있을까?

브랜드 이름의 의미는 무엇이지?

- 브랜드 이름 하단에 왜 '포뮬라 원Formula 1'이라고 적었을까? 그럼 2번도 있는 걸까?

왜 이렇게 강렬한 빨간색을 썼을까?

- 태국 사람들이 특별히 선호하는 색이 있을까? 중국인들이 빨간색을 좋아하는 것처럼?

이처럼 물음표 수집도 단계별로 연습하면 생각하는 근육을 발달시킬 수 있다. 꼬리에 꼬리를 무는 물음표들을 따라가며 새로운 세상의 문을 열자.

Part 5

4주 차:

한 발 더,

→

깊이 디깅합니다

Chapter 13

디깅,
깊이 파고들기

네 번째 단계: 느낌표 찾아 나서기

물음표를 수집하는 과정까지 익숙해지고 나면 자연스럽게 그다음으로 느낌표를 찾는 여정을 떠날 수 있다. 이 느낌표를 찾아 나서는 과정이 네 번째 단계다. 그리고 이때 필요한 것이 바로 '디깅'이다. 디깅은 내가 수집한 물음표를 통해서 호기심의 문을 열고 그 문 안으로 들어가 좀 더 새로운, 넓은 세상으로 향하는 방식이다.

다양한 생각과 마음을 어떻게 포용하며 살 것인가는 내 생각과 마음을 유연하게 하는 데서 시작된다. 고정관념을 버리려면 그만큼 새로운 것에 열린 마음과 기꺼이 다른 세상으로 뛰어들 용기가 필요하다.

하지만 끊임없이 새로운 것을 공부하고 새로운 세상을 마주하며 새로운 힘을 얻어온 유년 시절과 달리 어른이 된 우리는 이미 알고 있으니까, 배웠으니까 다시 배울 필요를 느끼지 못한 채 살아간다. 그래서 어른들은 새로운 것을 알아갈 기회를 스스로에게 주지 않으면 새로운 힘을 얻기 어렵다. 이때 디깅은 몰랐던 세상을 깊이 있게 탐구하게 해준다.

디깅은 관심이 없던 것에 관심을 갖게 하는 힘을 길러주고, '원래 그래'라고 생각했던 것들을 다시 돌아보는 태도를 알려주며, 생각의 유연성을 키워준다. 이런 강점을 기르고 싶다면 일상에서 물음표와 느낌표를 수집하는 과정, 즉 디깅의 시간을 만끽하자. 새로운 것을 발견하는 근육을 기르다 보면 내가 좋아할 새로운 것을 찾기도, 내가 할 수 있는 새로운 힘을 얻기도, 새로운 도전을 시작할 수도 있을 것이다.

디깅의 기술

디깅을 시작하는 방법에는 세 가지가 있다. 첫 번째는 내 경험에서 시작해 파고드는 것이다. 두 번째는 수집한 조각과 관련한 사실에서 디깅을 시작하는 것이다. 세 번째는 그 조각의 의미에서부터 느낌표를 발견하는 것이다.

한 가지 예를 들어 자세히 살펴보자.

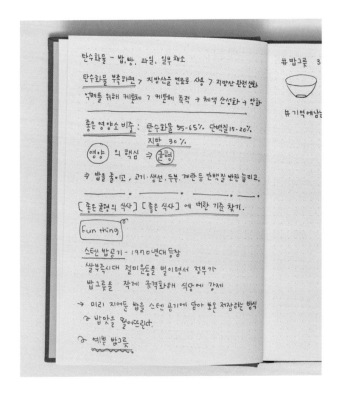

경험 수집

오늘은 온종일 밥 먹은 기억밖에 없다. 그래서 다른 경험의 조각보다 오늘 나와 가장 오래 함께한 '밥'을 디깅해보기로 한다.

오늘의 디깅 주제: 밥

- 내 경험에서 시작: 요즘 어떤 밥을 배달시켰나? 나는 오늘 무엇을 먹었나?
- 사실에서 시작: 국의 종류는 무엇이 있을까? 시대별 밥에 어떤 특징이 있을까?
- 의미에서 시작: 나에게 밥은 어떤 의미일까? 밥 친구란?

또 다른 예를 들어보겠다.

경험 수집

오늘은 친구와 함께 음악 페스티벌을 다녀왔다. 온종일 지치게 놀았다! 다녀온 후 페스티벌 입장 팔찌를 제거하다 문득 이 경험을 디깅하기로 마음먹었다.

오늘의 디깅 주제: 음악 페스티벌

- 내 경험에서 시작: 나는 그동안 어떤 음악 페스티벌을 다녀왔나?

- 사실에서 시작: 국가별로 대표적인 음악 페스티벌이 있을까?
- 의미에서 시작: 음악 페스티벌을 참가하는 사람들은 어떤 경험을 가장 기대할까? 이들에게 가장 중요한 가치는 무엇일까?

매일의 영감 수집 시간은 애쓰는 시간이다. 그 방식도 다양하다. 매일의 순간 귀 기울이고 세심히 바라보기, 기어코 앉아 그 시간을 지켜내기와 더불어 디깅하기도 나를 위해 애쓰는 방법이다.

매일의 영감 수집에서 디깅이란 단순히 어떤 지식을 얻고자 조사하는 것과는 다르다. 그저 나 자신을 위해 더 애쓰는 마음을 연습하는 것이다. 이렇게 노력하는 마음의 근육은 관성에 젖어 흘러가는 매일에서도 나를 선명하고 단단하게 만들고 의식들 사이를 유영하며 내 안을 들여다보는 힘을 길러준다.

Chapter 14

느낌표까지
수집하기

네 번째 주의 목표:
아무것도 아닌 것을 특별한 것으로

디깅할 준비가 됐다면 나만의 느낌표를 찾아보자. 디깅하며 만나는 새로운 사실과 이야기 사이로 나만의 아하 모멘트를 찾는 것, 그것이 바로 우리가 수집해야 할 느낌표다.

아무것도 아닌 순간을 특별하게 만드는 것은 바로 나 자신이다. 그러려면 매 순간을 뭉뚱그려 '대충 그런 하루를 보냈다'라고 생각하던 나를 '삶의 아주 작은 순간까지도 선명하고 의미 있게 보내자'라고 생각하는 나로 바꿀

힘을 길러야 한다. 이를 위해 작은 순간에서도 느낌표를
수집하는 것이다.

Day 16.
생각을 자유롭게 따라가보기

때론 느낌표를 찾아가는 길이 우연처럼 다가오기도 한다.
이 문을 열었는데 다른 문이 열리고 그렇게 해서 생각도
못했던 새로운 세상에 도달하는 행복을 만나는 여정이다.
내 생각이 흘러가는 대로 자유롭게 따라가며 뜻하지 않은
곳까지 다다르는 기쁨을 누려보자.

경험 수집

배달 음식을 시켜 먹었다. 서비스 음료를 보내주신 사장님께
감사해하는데 병에 붙은 스티커가 눈에 들어왔다. "고객님을
위한 서비스!"라고 적혀 있었다. 스티커는 떼어서 병을
분리수거하기 쉽게 리무버블로 제작돼 있었다. 게다가
시각장애인을 위해 점자가 표기돼 있었다. 스티커 하나에서
사장님의 마음과 센스가 다 느껴졌다. 스티커를 떼어 수집
노트에 붙였다.

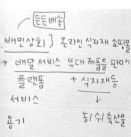

든든배송

배민상회] 온라인 식자재 쇼핑몰
→ 배달 서비스 부대 제품들 판매
플랫폼 + 식자재등
서비스 ↓
용기   농/수/축산물
비닐 / 가방
숟가락
스 스티커
(보온)
이슈들
매출 관련
출 3조 4천억)
익이익 7천억)

들배달이 매출 상승에 도움.

여개의 도심형 유통센터
(ck Packing Center, PPC)
) 1만여개.

배송이름들
정리해볼까!

든든배송
알뜰배송
로켓배송
한집배달
새벽배송

배달음식을 시켰더니 서비스음료~

센스 ① 떼어서 분리수거 하기 쉽도록
리유저블 스티커 재질

센스 ② 시각 장애인들을 위한 점자스티커

? 배달의 민족 VS 쿠팡이츠
↳ 배민을 사용하는 점주들은
어떤 지원을 고마워하나?
↳ 배달 서비스 연관 필요한
영역들은?

물음표들

• 요즘은 한 가게에서 여러 배달 서비스 플랫폼을 사용한다.
이 스티커는 A 플랫폼에서 제작했지만 모든 배달 건에 쓸
것이다. A에게 이 기회는 득일까 실일까?

- 점주들이 바라보는 배달 서비스 플랫폼별 장단점은 무엇일까?
- 배달 서비스와 연관된 또 다른 부수 물품으로 어떤 것들이 있을까?

느낌표!

- 배달 플랫폼에서 사장님을 위해 운영하는 식자재 및 부대 제품 온라인 쇼핑몰이 따로 있었다니!
- 포장 용기, 비닐봉지, 가방, 젓가락, 숟가락, 고객 서비스 스티커, 음식 보온용 핫팩, 물티슈 등 이렇게 다양한 부대 물품이 배달 서비스 하나를 위해 필요했다니!
- 이 서비스로 다른 플랫폼의 고객들에게까지 브랜드를 각인시킬 기회를 확보하다니!

Day 17~20.
느낌표 수집을 넘어 또 다른
호기심의 문 열기

4주 차의 마지막 단계다. 느낌표 수집을 연습해봤으니 더 깊고 넓게 파고들어 또 다른 호기심의 문을 열어보자.

경험 수집

내 책 나눔 행사에서 사람들의 메시지를 어떤 방식으로 남기면 좋을까 고민하다가 창문에 메모를 남길 수 있는 빈 포스트잇을 붙여서 모아야겠다고 생각했다. 포스트잇을 구매하려고 온라인 쇼핑몰을 검색했다. 내 마음에 드는 색의 포스트잇을 사고 싶었다. '평범한 색 말고 특별하고 강렬한 색이 있으면 좋겠는데' 하는 마음으로 검색을 계속했다. 그렇게 해서 찾은 것이 '포스트잇 월드시티' 시리즈다. 이 포스트잇은 이런 식으로 구성돼 있었다.

- 부에노스아이레스의 색
- 뉴욕의 색
- 도쿄의 색
- 서울의 색
- 파리의 색

확장된 호기심

도시별 색감 필터로 큰 인기를 모은 카메라 필터 앱들이 있다. 그 앱들은 필터에 도쿄 필터, 시드니 필터, 서울 필터, 리우데자네이루 필터 등의 이름을 붙였다. 그리고 이는 현재 인스타그램 앱 내 사진 필터에도 그대로 존재한다. 도시별 필터를 적용하면 왠지 모르게 정말 그 도시의 감성으로 사진이 변신한다. 정말 도시별로 색상이 존재하는 것일까? 왜 그렇게 도시별로 인지되는 색상이 생기게 된 걸까?

또 다른 호기심의 문을 열고

베를린 여행 중 문득 이 수집 조각이 떠올랐다. 베를린에 와서 가장 많이 한 감탄사가 "우아, 여기 왜 이렇게 색이 예뻐!"였다. 연한 미색의 택시, 우리에게는 생소한 노랑, 파랑, 빨강 등 대담한 색상의 창틀, 무척 쨍하고 눈에 띄고 발랄한 네온 색의 경찰차와 소방차 등 베를린만의 색감과 분위기가 분명히 느껴졌다.

베를린 여기저기에는 벽화가 가득했다. 총천연색의 벽화 사이에서도 분명하게 베를린의 도시 색이 존재한다고 느껴진 까닭은 이 도시가 품고 있는 어떤 일관성 때문이라는 생각이 들었다. 이렇게 도시의 일관적인 색감은 약속된 것일까 아니면 시대의 흐름에 따라 자연스럽게 형성된 것일까?

매일의 영감 수집으로
나를 더 선명하게 만들고 있다.
내가 좋아하는 것, 불편한 것, 관심 있는 것 등
나와 관련된 다양한 정보를 알아가고 이해하게
된다. 영감으로 모은 조각들에는 결국 어떤
형태로든 내가 투영돼 있다. 나라는 사람을
조금 더 다정한 마음으로 발견하게 됐다.

_이상미 님의 후기

Chapter 15

제시어와 함께
디깅 연습하기

제시어로 영감 수집하기

매일의 영감 수집 리추얼을 하다 보면 중간중간 찾아오는 공백의 날이 있다. 어느 날은 '도대체 내가 오늘 하루 경험한 것이 무엇이 있었을까' 고민할 정도로 텅 비어버린 날도 마주한다. 또 오늘의 경험 중 무엇 하나 수집하고 싶은 조각이 없는 날들도 있다. 그런 날은 내 하루를 채우는 제시어 디깅을 해보자.

제시어 디깅이란 제시어를 주고 그 제시어를 따라 생각나는 것을 디깅하고 수집하는 것이다. 몇 가지 예를 들어

보겠다.

제시어: 패턴

오늘의 발견: 패턴과 브랜드, K 브랜드 디깅

제시어를 보니 개성 있는 패턴으로 유명한 브랜드 K가
떠올랐다. 패턴의 개념을 원재료에 그려진 무늬로 한정하는
것이 아니라 그 패턴을 이용한 다양한 상품을 출시해
아름다운 디자인 패턴을 사유하는 여러 방법을 제시하고
있다는 점에서 이 브랜드를 좋아한다.

K의 패턴 활용에서 컬래버레이션은 중요한 기폭제다. K에서 그동안 진행한 컬래버레이션을 몇 개 정리해봤는데 정말 종횡무진한 행보에 감탄했다. 그를 통해 패턴의 무궁무진한 가능성을 보여주는 것 같아서 좋았다.

K 브랜드의 브랜드 패턴 책은 그들이 출시한 모든 패턴을 소장하고 사유할 수 있다는 점에서 무척 매력적이었다. 그리고 어린이를 위한 패턴 책과 색종이 시리즈도 사랑스러웠다.

제시어: 달력

오늘의 발견: 달력, 현대의 달력, 달력의 용도와 수요, 디자인

달력이라는 제시어를 보고 처음 든 생각은 '도대체 요새 누가 달력을 쓰지?'라는 질문이다. 그러다 작년에 이어 올해도

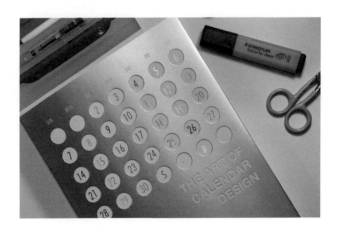

일력을 네 개나 산 나 자신이 떠올라 집에 있는 달력들에 눈을 돌려보고 달력들을 소유하고자 했던 그 시점의 욕구가 무엇인지 생각해봤다.

달력을 사는 사람들의 마음에는 어떤 공통적인 마음이 있을까? 집에 있는 《달력 디자인의 기술The Art of Calendar Design》이라는 책을 꼼꼼하게 읽었다. 새로운 방식으로 날짜를 표현하는 라이프 디자인 영역을 구경하는 재미가 쏠쏠했다.

함께하는 제시어 디깅

제시어 디깅은 혼자서 해도 좋지만 때론 친구나 동료와 함께 가벼운 제시어 디깅을 통해 서로의 관심사, 다양한 생각을 발견하는 것도 좋다. 실제로 그룹 리추얼을 할 때 가장 놀라운 점은 같은 단어를 통해서도 사람들이 얼마나 다양한 시선으로 세상을 품고 있는지가 느껴진다는 것이다. 이렇게 타인과 함께 디깅을 연습하다 보면 자신의 세상을 넓힐 수 있다.

제시어: 시니어

- 나: 시니어를 위한 서비스로는 무엇이 있을까?

- 리추얼 메이트 A: 노인 부부가 그려진 벽화가 떠올랐다.
- 리추얼 메이트 B: 회사 안에서 시니어와 주니어가 떠올랐다. 시니어는 어떤 자질을 키워야 할까?
- 리추얼 메이트 C: 시니어 모델들과 그들을 선택한 브랜드들의 이유

제시어: 밥

- 나: 탄수화물은 정말 나쁜 걸까? 적합한 탄수화물 섭취를 돕는 도구들은 무엇이 있을까?
- 리추얼 메이트 A: 내 소울 푸드 리스트 작성하기
- 리추얼 메이트 B: 배달 음식의 종류와 내 에너지의 상관관계 그리기
- 리추얼 메이트 C: 밥을 두고 함께한 사람들과의 시간 회고하기
- 리추얼 메이트 D: 환우의 밥, 보호자의 밥. 그 시간 사이의 마음들
- 리추얼 메이트 E: 함께 밥 먹고 싶은 사람들. 밥 먹고 싶은 마음의 본질

디깅 제시어 : (밥) < 식사 meal   2024. 9월

Q. 밥의 양이 어느정도가 적절할까?
Q. 탄수화물 줄이려는 노력 → 정말 '밥'은 피해야 하는걸까?
Q. '밥'이 가장 당기는 조합, 내가 웃참는 '밥' 조합은?
Q. 좋아했던 '밥'들. 기억에 남는 '밥'

<검색> 밥의 양은 즉석밥의 양이 가장 먼저 나옴
큰즉석밥 (300g), 보통즉석밥 200g   탄수화물 100g
→ 왜 이런 기준이 생겼을까? → 밥한공기 → 왜 밥공기 size
그 size가 얼추 비슷할까

<밥한공기> 210g 정도   - 쌀밥 한공기 310 칼로리
          지은밥기준   - 현미밥 한공기 247 칼로리
<종이컵 밥양> → 115g   - 흑미밥 한공기 293 칼로리

<무쿠 쌀컵> 150g 쌀양기준   FUN
                          우리쌀 직거래
                          연구소

탄수화물 - 에너지원, 1g당 4Kcal 에너지 제공.
          특히 "두뇌 에너지원"

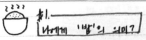

#1.
나에게 '밥'의 의미?

- 에너지 충전을 위해 먹는 것 (일상적으로는)

- 때로는 나에게 주는 선물 같은 것.
  [평소에는 잘 먹지 않지만 나에게 수고했어라 내가 한끼
    먹이는 느낌

  나 어떨 때 그런가?
  Re: 스트레스 받던 일이 잘 해결됐을 때.
      ㅇㅇ로 목표한 것을 달성해냈을 때.
      가끔이던 특별한 일이 있는 때.

  나 어떤 해를 먹을 때 특별하다 생각하는가.
  Re: ① 비싼 음식 - ex. 스테이크, 한우 등
      ② 영양가 없는 음식 ex. 크리백ㄷ
      ③ 평소 관심 없던 핫플레이스에서 먹는 음식

Chapter 16

느낌표 수집 사례
모아 보기

오늘의 느낌표!
워커비의 꿀확장 전략

우리나라의 꿀 브랜드가 눈에 띄게 늘어났다. 워커비도 그렇고, 꿀건달도 그렇고. 자연 생태계에서 벌의 역할에 대한 연구자료를 본 것이 기억났다. 어떻게 하면 꿀의 소비가 늘고, 벌의 생태계가 소멸하지 않을지 고민하는 밤! 워커비는 젊은 세대의 꿀 소비를 확대하겠다는 미션을 가지고 있다. 꿀떡을 만들어 먹는 꿀떡 키트와 함께 꿀 소비 증진을 꾀하는 것!

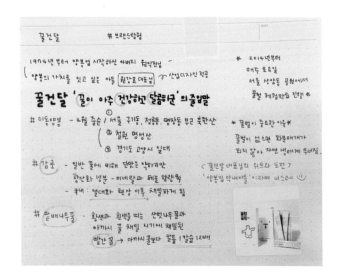

오늘의 느낌표!
마라탕집의 고객 마음 잡기

마라탕을 배달시켰다. 뚜껑 위에 붙은 스티커를 무심히 뜯어 버리다가 문득 메모가 눈에 들어왔다. 누군가 애써 글씨를 썼던 그 시간을 외면하지 말아야지! 오늘의 수집이 되겠구나.

　곰곰이 들여다보니 '떡을 좋아하시는 것 같아서' 서비스로 떡을 주신다고 했다. '어머, 내가 떡 좋아하는 걸 어떻게 아시고!' 하는 반가운 마음과 더불어 나를 알아차려준

그들에게 로열티가 생기는 순간이었다. 어쩌면 오늘 내내 모든 사람에게 저 메모를 똑같이 보냈을 수도 있지만 그 바쁜 시간에도 메모를 쓰는 동안 이 음식을 먹을 고객을 떠올렸을 것이다. 아, 이게 고객의 마음을 얻는 방법인데. 아, 이게 마케팅인데!

오늘의 느낌표!
이렇게 많은 치즈 브랜드가 있었다니

친구에게 선물 받은 치즈를 하나 먹고는 눈이 번쩍! 이렇게 맛있다고? 확 뜯어 버렸던 치즈 포장지를 쓰레기통에서 다시 꺼내 들었다. 내가 모르는 치즈 브랜드가 이렇게

많은가? 치즈 전문 브랜드를 좀 찾아봐야겠다는 마음으로 디깅을 시작했다. 아는 것이 많아질수록 내 선택의 폭이 넓어지고 그 선택을 누리는 시간의 만족도가 높아진다. 이렇게 많은 치즈 브랜드가 있었다니, 세상에 무궁무진한 브랜드들의 이야기!

오늘의 느낌표!
올리브 오일이 이렇게 만들어진다고?

'올리부'라는 이름을 쓰고부터 정말 많은 올리브 오일을 선물 받았다. 올해 발견한 올리브 오일 브랜드 중 가장 마음에 들었던 것은 바로 이 귀여운 브랜드다. '이 올리브 오일은 뭐가 다르지?' 하는 생각으로 설명서를 천천히 정독한다. 그러고 보니 올리브 오일이 만들어지는 과정은 한번도 상상해보지 않았다. 참기름, 들기름 뽑듯 압착하려나? 오일을 분리하고 분쇄하고 압착하는 과정들을 상상하니 한 방울도 소중하게 느껴진다.

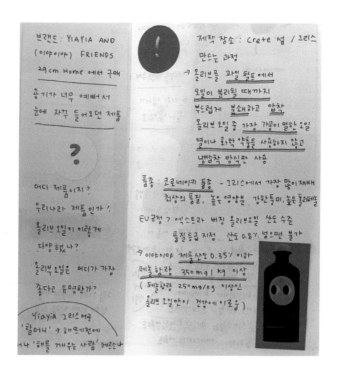

오늘의 느낌표!
명찰 가게의 완벽한 업무 분장

나의 그녀가 중학교 교복을 맞추었다. 교복에 이름을 새겨야 한다면서 명찰 가게 명함과 쿠폰을 챙겨줬다. 아, 요새는 명찰을 문방구에서 맞추는 게 아니네? 오래된 상가에 있던 명찰 가게는 고작 몇 평 남짓한 가게인데 놀랍게

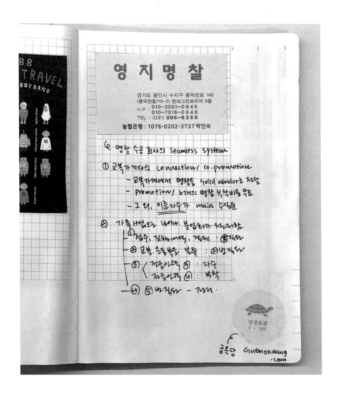

도 업무 프로세스와 각 자리에서의 업무 분장이 완벽했다. 교복과 체육복 등 옷 여섯 개에 자수로 이름표를 새기고 계산과 포장 완료까지 걸린 시간은 5분이 채 되지 않았다. 놀랍도록 효율적인 가게의 시스템. 교복을 받아 들고 감탄을 전하고 돌아서서 엘리베이터를 탔는데 이런 과정이 한순간에 이루어진 게 아니라는 생각이 들었다. 그 과정과 역할을 복기하면서 빠르게 순간을 수집했다. 우리 팀과 준비하고 있는 팝업의 운영 프로세스가 떠올랐다. '어떻게 하면 빈틈없는 운영을 할 수 있을까?'라는 고민에 맞닿은 명찰 가게의 완벽한 업무 분장!

오늘의 느낌표!
케이팝 팬덤 트렌드

나의 그녀는 케이팝을 사랑한다. 그녀가 사랑하는 것을, 그녀의 마음이 향한 것을 나는 사랑한다. 그렇게 우리는 함께 케이팝을 사랑한다. 그러다 보니 팬덤 문화와 팬덤 경제에 대한 관심이 높아졌다. 이에 어떤 개선점과 특이점이 있는지를 살펴보는 것만으로도 인사이트가 넘쳐난다. 그녀와 그녀 친구들의 모습에서 나는 우리 문화의 큰 축을 발견한다. 그렇게 그들로부터 영감을 얻는다.

오늘의 느낌표!
노 플라스틱

한 가게에서 물건을 사고 받은 비닐봉지의 부드러운 재질이 남달랐다. 자세히 살펴보니 그냥 비닐봉지가 아니라 생분해성 수지로 제작돼 나중에 썩는다는 설명문이 적혀 있었다. 이러한 변화에 앞장선 기업들은 누구일지 궁금해

졌고, 썩는 비닐이라고 하지만 진짜 썩는 재료가 맞는지 의구심도 들었다. 탐색해보니 바이오 플라스틱이라고 하는 재료도 자연적으로 분해되는 것은 불가하고 산업용 설비가 갖춰져야만 분해가 가능하다고 한다. 결국 이것도 이상적인 해결책이라고 보기는 어렵겠다. 궁극적으로 우리는 어떤 노력을 해야 할까? 생산이 불가결한 이런 시대에 어떻게 제품을 만들어가야 하는 걸까? 질문이 꼬리에 꼬리를 물었다.

Part 6

5주 차:

회고와 함께

선명해지는 나

Chapter 17

———

회고의
쓸모

나에게 두 번째 기회를 주는 방법

회고回顧: 뒤를 돌아보다.
지나간 일을 돌이켜 생각함.

안데스산맥에 사는 인디언 부족에게 시간의 의미를 물으면 과거는 눈앞에, 미래는 등 뒤에 있다고 이야기한다고 한다. 과거는 이미 볼 수 있는 것이고 미래는 아직 볼 수 없어 모른다는 뜻이다. 보이지 않는 것보다 볼 수 있는 것에 집중해 나아가는 행동이 미래를 위한 유일한 노력이라고 생각한 게 아닐까?

기대한 시간이 어떻게 지나왔고 그것으로 얻은 것이 무엇인지 되돌아보는 일은 그저 과거를 살펴보는 것 이상의 힘을 가지고 있다. 회고는 내가 지나온 시간의 흔적을 찾는 과정이다. 또 의지를 더하고 방향성을 부여해 앞으로 다가올 시간에 대한 좋은 나침반이 돼준다.

그래서 항상 회고와 계획은 동시에 하는 것이 가장 좋다. 회고를 통해 앞으로 유지하고 싶은 것들을 생각할 수 있기 때문이다. 회고를 통해 우리는 리추얼의 시간, 횟수, 방식에 대한 리듬을 다시 세팅할 수 있다. 또 영감 조각으로 열린 새로운 세상을 들여다보며 좋아하는 주제를 더 깊이 파고들거나 새로운 영감을 탐색해보겠다는 의지를 다질 수 있다. 나아가 이를 통해 앞으로 나는 새롭게 무엇을 기대하는지 살펴봄으로써 내 목표를 다시 시작할 마음을 가질 수 있다.

회고에 친숙해지기 위해 나는 매일의 영감 수집 노트와 다이어리를 언제든 손에 쥘 수 있도록 매일 가방에 가지고 다닌다. 또 외출했다 돌아와서는 그것들을 모두 책상에 꺼내 손이 닿을 수 있는 곳에 가장 가깝게 둔다. 그렇게 해서 어느 순간이든 기록들이 내 곁에 있을 수 있게 배치한다.

또 매일의 영감 수집에서도 셀프 회고 워크샵을 진행한

다. 본격적으로 기록을 들여다볼 시간을 스스로에게 선물하는 것이다. 기본은 지난 기록을 보는 것이지만 매번 새로운 것들을 발견할 수 있게 하기도, 그 주제를 더욱 깊게 볼 두 번째, 세 번째 기회를 다시 제시하기도 한다. 기록 그 자체뿐만 아니라 기록의 리듬 또한 회고한다.

매일의 영감 수집을 회고하는 방법

회고를 할 때는 리추얼의 리듬을 돌아볼 수도 있고 수집한 조각을 돌아볼 수도 있다.

먼저 리추얼 리듬을 회고하고 싶다면 지난 4주간 나와 한 약속을 잘 지켰는지 다음처럼 점검해보자.

- 4주간 나는 정해둔 시간을 지켰는가? (예: 밤 10~11시)
- 4주간 계획한 횟수를 채웠는가? (예: 일주일에 다섯 번)
- 다른 시간대/리듬으로 조정이 필요한가?

한편 지난 4주간 리추얼로 수집한 조각을 돌아보며 다음과 같은 질문으로 매일의 영감 수집과 내 삶에 맞닿은 영역을 살펴볼 수 있다.

- 내 조각의 원천은 주로 어디에서 시작했나?
- 내 조각의 원천에 대한 회고 맵을 만들어보자. 이를 통해 편중 영역을 확인하고 해당 영역을 강화하거나 새로운 확장 영역을 발견할 수 있다.
- 수집한 조각들을 통해 내 마음을 들여다본다. 4주간의 영감 수집 중 가장 마음에 드는 조각은 무엇이었나? 또는 아쉬움이 남는 조각은 무엇이었나?

이렇게 수집 조각을 살피며 그 원천이 어디서 시작됐는지 들여다보면 자연스럽게 내 기록의 분류 체계가 생긴다. 조각들에 다음과 같이 각각의 해시태그를 붙여 구분해보자.

- 내 조각의 원천 해시태그: #경험 #공간 #콘텐츠 #브랜드 #여행 #소비
- 조각들에 대한 만족도 해시태그: #마음에듦 #디깅더해볼것

이 과정에서 해시태그와 함께 회고 맵을 그리며 편중 영역과 확장 영역을 확인할 수 있다. 편중 영역이란 내 영감 조각이 집중된 영역을 뜻하며 확장 영역이란 그 조각들 너머로 새롭게 디깅, 확장하고 싶은 영역을 뜻한다.

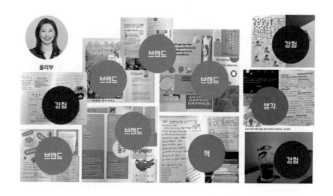

- 편중 영역:

  나는 항상 브랜드들로부터 영감과 생각을 얻는구나!

  나는 소비를 통해 일상을 기록했구나!
- 확장 영역:

  다음 달에는 '경험'을 통해 수집을 확장해야겠다!

  다음 달에는 '공간'을 집중 수집해야겠다!

내가 회고로 얻은 것

나는 매주 주간 일기를 쓴다. 어른이 돼 일기를 쓸 때는 누가 시킨 것도 아닌데 일기를 왜 이렇게 열심히 쓰는지, 일기란 무엇인지에 대해서 깊이 생각하곤 했다. 자주 뒤를 돌아본다는 것은 어떤 의미일까.

어제에 이어진 오늘 그리고 오늘이 이어진 내일. 365일이 지나가도 하루하루가 특별하게 구분되거나 달라지는 것은 아니다. 그저 어제가 오늘로, 오늘이 내일로 이어질 뿐이다. 그런데도 우리는 어제와 오늘에, 오늘과 내일에 선을 긋는다. 그 선 위에서 오늘 못다 한 것을 내일 기대하기도 하고, 어제의 아쉬움을 오늘 달래보기도 한다.

나는 잠시 숨을 고르고 지나온 길을 다정히 돌아보고 앞으로 갈 길을 곰곰이 바라보자는 마음으로 회고를 자주 한다. 나에게 있어 이 시간은 약속의 시간이다. 스스로에게 잘했다고 칭찬해주고, 잘하자는 약속을 하고, 아팠던 일도 행복했던 일도 담담히 마주하는 힘을 기르고, 어쩌면 또 만날지 모를 감정과 용감하게 마주할 수 있도록 건강한 마음의 근육을 만들어주는 시간이다. 우리 삶의 짧

은 순간에 가치를 부여하고 그 순간에 이름을 지어주는 것, 그것이 나에게 있어 회고의 의미다.

이렇게 회고를 하다 보니 회고의 내용이 자연스럽게 '이루다, 즐기다, 만나다'로 나뉜다는 것을 깨달았다.

- 이루다: 뿌듯한 결과, 칭찬하고 싶은 결과, 망한 프로젝트, 거창한 계획, 소소한 성공, 배워서 얻은 것, 더 배우고 싶은 것, 새롭게 얻은 능력, 내가 만들어낸 변화
- 즐기다: 즐거운 소비, 행복한 여행, 영감을 얻은 콘텐츠, 설레게 한 전시, 사랑스러운 물건, 심쿵한 문장, 좋아하는 공간, 응원하는 브랜드, 100번 들은 노래, 나를 기쁘게 한 물건
- 만나다: 새로 만난 사람, 여전히 좋은 사람, 아프지만 잃은 사람, 영향을 받은 사람, 동경하는 사람, 내가 만난 성장의 순간, 나를 움직인 질문, 실패를 만난 순간, 새롭게 만난 도전, 용기

그리고 매달, 매년 각각의 회고를 하면서 삶의 짧은 순간에서 앞으로 살아갈 날들의 힌트를 얻는다. 좋아하는 사람을 더 만나고 행복한 일을 더 하면서 더 이루고 즐기고 만나는 삶을 살 것을 약속한다.

Chapter 18

나를
수집하기

나를 나로서 설명한다는 것

나는 지난 몇 년간 매일 영감 조각을 수집하며 나를 수집하기도 하고 나를 발견하기도 했다. 그 과정에서 나를 소개하는 단어, 나다운 나, 내가 되고 싶은 나의 단어를 수집하고 있다.

매일의 영감 수집 리추얼은 첫 온라인 모임이 길다. 그 이유는 이 리추얼이 삶의 조각을 함께 공유할 서로를 알아가는 시간인 만큼 첫날 하는 자기소개도 특별하기 때문이다. 이 자기소개는 내 삶을 이끄는 문장 또는 내가 좋아하는 문장, 나를 표현할 수 있는 키워드, 내가 나에게 주는 삶의 타이틀을 공유하는 것으로 시작한다.

살면서 자기소개를 할 일은 정말 많다. 첫 소개는 언제였을까? 아마 처음 또래 집단과 만나 사회 활동을 시작하는 유치원일 것이다. 그때 내 자기소개는 "○○유치원 장미반 누구입니다!"로 시작했을 테다. 초등학교에 들어가서는 "○○초등학교 ○학년 ○반 ○번 누구입니다!"로 바뀌지 않았을까. 그렇게 중학교, 고등학교, 대학교까지 소속에 따라 문구를 꾸준히 업데이트했을 것이다.

회사에 들어가서는 어떻게 달라졌을까? "○○회사 ○○부서에서 ○○을 맡고 있는 ○○입니다!"로, 여전히 세상에 존재하는 불변의 규칙처럼 또는 소개의 전통을 수호하는 사람인 것처럼 똑같은 패턴을 따랐다. 회사를 몇 번 옮기고 여러 해를 거듭해도 나를 세상에 소개하는 문장은 어느 회사 어느 팀에서 무슨 일을 맡고 있는 누구였다.

회사를 그만두면 나는 나를 어떻게 소개할 것인가? 이 질문으로부터 나는 처음으로 '나'에게 소속된 삶이 어떤 것인지에 대한 생각을 하게 됐다. 내가 속한 회사의 이름, 회사의 직함, 회사의 직무를 빼고 나를 어떻게 소개할 것인가?

"안녕하세요, 서은아입니다."

내 생애 마지막 자기소개의 문장은 세상에 처음 태어나 이름이 주어졌을 때 한 그 소개로 되돌아갈 것이라는 생각이 들었다. 내 이름을 어떻게 남길 것인가를 생각하는 것은 곧 내 삶을 어떻게 살아내겠다, 무엇으로 채우겠다 같은 거대한 결심과 동의어였다.

그래서 그 순간부터 나는 내가 누구인지 표현할 단어들을 수집하기 시작했다. 이 삶을 살아간 나를 소개하는 문장을 만들어나가는 것이 바로 내가 세상을 살아낸 시간들에 마땅한 노력이라고 생각했다. 그렇게 나는 나를 수집하기 시작했다. 매일의 작은 순간을 수집하고 그 안에서 작은 영감을 발견하는 것이 내 삶의 모든 순간을 사랑하는 방법이었다면, 그 삶의 모든 순간에서 나를 찾아내고 정의하는 과정이 바로 매일의 영감 수집 리추얼을 하는 진짜 이유라는 것을 깨달았다.

리추얼 메이트들과 첫 인사를 나누면서 나는 왜 이 리추얼을 하고 싶은지를 묻는다. 그럴 때면 적지 않은 사람들이 "나를 찾고 싶어요!", "내가 좋아하는 것이 무엇인지 알고 싶어요!"라고 이야기한다. 삶을 살아간다는 것은 궁극적으로 나를 나로서 존재하게 하는 건강한 마음을 이어가는 것 아닐까.

나를 알아가기 위해서, 나를 나로서 존재할 힘을 기르기 위해서 우리는 좋아하는 책을 들춰보며 나를 지지하는

문장을 찾아보고 그것을 적어본다. 그리고 회사나 부서, 직함이 아닌 단어로 나를 소개하기 위해서 스스로를 자세히 바라본다. 그렇게 1년 전 수집한 나와 1년 후 수집한 나를 함께 확인하며 과연 나는 내가 원하는 어른의 모습이 돼가고 있는지를 살펴보는 힘을 기른다.

남이 아닌 내가 정의한 타이틀

응원대장 올리부 |《응원하는 마음》저자
일상 기록가, 브랜드 탐험가, 시간 운영자, 다정한 관찰자
그리고 따뜻한 어른

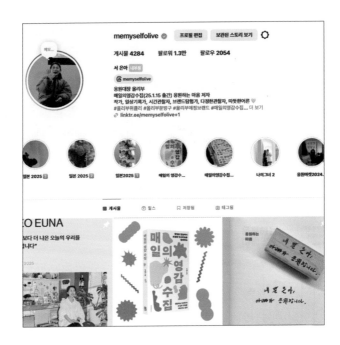

Lead with Courage

#응원하는마음 #올리부문방구 #올리부애정브랜드 #올

리부책장 #올리부의일 #올리부위클리

나를 소개하는 이 프로필을 볼 때마다 마음이 꽉 차오른

다. 내가 나를 이렇게 정의하고 있다는 것을 확인하고 이

타이틀에 맞는 삶을 살아가는가를 묻는다. 그 마음을 살

펴보며 노력의 순간을 애써 찾는다.

나는 내 타이틀에 부끄럽지 않은 삶을 살기를 바라왔

다. 성장에 욕심내던 어린 시절의 나는 새로운 타이틀이 주어질 때마다 어깨춤을 추었다. 회사에서는 나에게 주어진 타이틀을 위해 애썼고 고민하며 일했다. 새 타이틀을 얻으면 새로운 것을 해낼 힘이 생긴 기분이 들었고 그 이름에 대한 기대감이 가득했다. 학교에서처럼 해가 지나면 자동으로 1학년에서 2학년이 되는 게 아니라 무엇인가를 이뤄야 다음 직급이 주어지는 삶을 살아가면서 그 자리에 걸맞은 역량을 갖기 위해 부담보다는 기대 어린 마음으로 최선을 다했다.

하지만 그렇게 성장을 거듭하고 더 높은 타이틀을 얻으니 그에 걸맞은 사람이 된다는 게 어렵게 느껴졌다. 그것에 적합한 사람인가, 부족하지 않은가를 고민하며, 지금보다 무엇을 더 해내야 다음으로 성장할 수 있다는 조직의 요구와 스스로 안고 있던 조급한 마음이 성장의 의미를 제대로 바라보길 어렵게 했다.

그런 시간을 돌아보면서 나는 나로서 존재하는 삶이란 무엇인가에 대해 큰 갈증을 느끼기 시작했다. 어떤 나로 살아갈 것인가라는, 내일의 나를 향해 던지던 그 질문들 사이로 내 삶의 방향을 찾아 나섰다. 그리고 함께 리추얼 메이트들과 나를 표현하는 단어에 대해 이야기를 나눴다.

그중 한 리추얼 메이트의 '호號'에 대한 이야기가 답을 알려줬다. 그는 예전 어른들이 왜 호를 가졌는지 알겠다고 하며 이름 말고 나를 표현하는 단어를 소유하는 것은 곧 내 정체성으로 나를 불러달라는, 자기 삶에 대한 진심이 아니었을까 생각한다고 했다. 그러면서 나를 정의하고, 내가 되고 싶은 나를 표현하고 나니 삶을 대하는 태도가 달라졌다며 나를 수집하는 즐거움의 소감을 공유했다. 그의 말은 내게 큰 울림을 주었다.

나를 수집하는 다양한 방식

왜 나를 잘 알아야 하는가? 한 친구가 내게 했던 질문이다. 도대체 왜 그렇게 나를 알아가려고 노력하느냐는 것이다. 나는 그 질문에 대한 답을 무척 깊이 있게 찾아갔다.

어른이 되면서 내 삶을 온전히 스스로 책임져야 한다는 부담감, 내가 책임져야 하고 해결해야 하는 일, 혼자 일어서야 하는 순간을 여럿 겪었다. 이 모든 것은 내 몫이기에 내가 뭘 하면 행복해지고 언제 힘을 얻는지, 그를 통해 내 삶을 살아낼 연료를 어떻게 얻어갈지를 잘 알고 있어야 한다.

나는 다양한 방식으로 여러 면의 나를 수집한다. MBTI, 강점 분석, 태니지먼트 등 다양한 진단 방법을 이용하거나 스스로를 인터뷰하며 나를 수집한다. 내가 되고 싶은 모습의 단어를 수집하고 그 후 어떤 시간을 보냈는지 회고하면서 나를 수집하기도 한다. 또 책상 위에 좋아하는 물건들을 수집하고, 그 과정에서 기뻐하는 나를 수집하기도 한다.

그중 '내 마음 보고서'라는 서비스를 통해서 나를 수집한 날이 기억에 남는다.

햇빛은 빈틈없이 찬란하고, 서은아

보고서의 첫 문장을 보자마자 반갑고 울컥하고 감동했다. '내 삶의 모든 순간, 그 모든 햇빛이 빈틈없이 찬란하구나' 하는 생각이 스쳤다. 내가 알고 있는 나를 누군가의 문장으로 마주하고 나니, 이런 사람이 되겠다 다짐했던 지난날이 떠오르고 그렇게 되려고 노력했던 숱한 마음이 너울거렸다. 나를 표현하는 보고서의 수많은 단어와 문장이 위안과 응원이 됐다.

이런 서비스 외에도 나를 선명하게 알아가는 과정이 어떤 살아갈 힘을 주는지 뚜렷하게 느꼈던 순간들을 모아 '나 수집 노트'를 만들기도 한다. 좋아하는 것을 수집하고 바라보면서 나를 선명하게 만들어나가고, 그렇게 나를 표현하는 단어를 소유하고 내 열망의 방향을 바라본다.

나를 수집할 때는 매달 하루를 정해서 진행하는 것을

추천한다. 매달 같은 질문과 항목을 수집해도 되고 다른 면의 나를 다른 방식으로 수집해도 된다. 나처럼 MBTI나 강점 분석 서비스를 이용해도 좋고 그동안의 커리어를 회고하는 것도 좋다. 이를 통해 내 삶의 변화를 수집해보자.

Chapter 19

나 수집의 사례
모아 보기

'이런 내가 되고 싶다' 문장으로 수집하기

종종 작은 생각 수첩에 '성장의 즐거움을 알려주는 리더' '길잡이가 돼주는 리더' 등 어떤 사람이 되고 싶은지, 어떻게 설명되고 싶은지 적어본다. 삶을 마감했을 때 묘비명에 적힐 문장을 생각해보는 것과 비슷하다. 더 나아가 집이나 회사에서의 역할뿐만 아니라 어떤 존재로 기억되고 싶은지를 고민해본다.

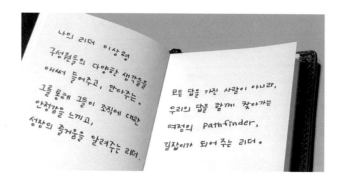

나를 알려줘! MBTI를 통해서 본 나

MBTI 검사로 내 MBTI 유형의 특징을 자세히 알아보고
나는 어떤 기능이 발달한 사람인지 살펴본다.

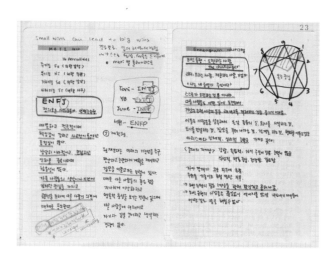

오늘의 나를 수집하기

어제의 나, 오늘의 나 그리고 다음 달의 나, 그다음 해의 나는 모두 다르다. 나도 모르게 변화하는 나를 알아차리기 위해 어느 달의 내 마음과 상태, 생각을 수집한다.

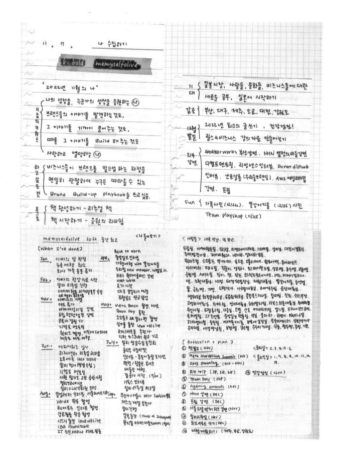

나의 강점 수집하기

세상에는 나를 알아가는 것을 도와주는 도구가 많다. 대표적으로 강점 파인더가 있다. 이런 다양한 진단 도구로 나를 수집한다.

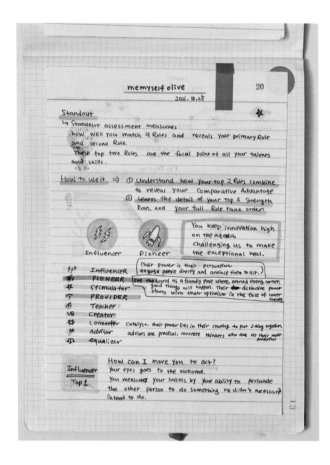

내 삶의 목표, 가치 문장을 수집하기

내 삶의 목표는 무엇인지, 어떤 가치를 추구하며 살아갈
것인지 생각해본 적이 있었나? 이런 생각은 떠올리지도
않고 그냥 살아간 날들이 대부분이다. 때때로 스스로에게
묻는다, 내 삶의 목표와 내가 잃지 말아야 할 가치는 무엇
인지. 이를 잊지 않기 위해 수집한다.

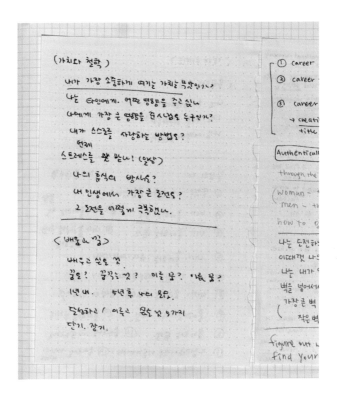

나는 내가 제일 궁금해! 나 인터뷰

우리는 대체로 다른 사람을 궁금해하고 그들에게 질문을 던진다. 나는 나를 제일 궁금해하는 사람이 됐으면 좋겠다. 다른 누구의 시선보다 내 시선으로 나를 바라보고, 다른 누구의 잣대보다 내 기준으로 나를 이해하고 판단하면 좋겠다. 그래서 나는 종종 나를 인터뷰한다.

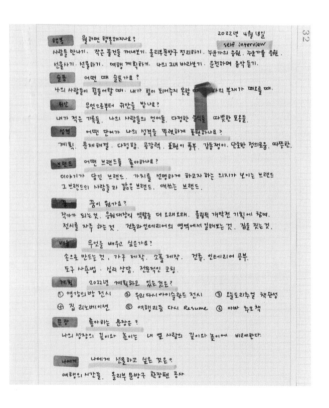

매일의 영감 수집을 통해 그저 지나쳤을
것들을 관찰하고 흥미롭게 바라보는 힘이
생겼다. 또 좋아하는 것을 좋아하는 일이
일과 삶에 얼마나 큰 힘이 될 수 있는지도
배웠다. 영감을 모으고 기록하는 일이
쉽지만은 않다. 하루 이틀 밀리다 보면
죄책감이 생기고 결국 꾸준함에서 멀어지는
순간도 온다. 그런 순간이 바로 매일의
영감 수집 리추얼이 필요한 때다.
부담을 내려놓고 다시 시작해보는 것,
그것으로 충분하다.

_지완 님의 후기

Part 7

더하여

합께

하기

Chapter 20

함께하는
그룹 리추얼

매일 나를 지키는 시간

매일의 영감 수집 리추얼은 서른 명의 리추얼메이트와 3주 간 진행한다. 그룹 리추얼의 장점은 하루를 약 30배의 농 도로 살아가는 기분을 느끼게 해준다는 것이다. 함께하는 사람들의 수집 조각을 보면 내 하루가 아닌데도 그 일상 에서 에너지, 수많은 발견과 심쿵 포인트, 디깅 지점, 찾아 가고 싶은 영감의 실마리를 찾을 수 있다.

이때 가장 어려운 것은 책상에 앉는 힘을 기르는 것이 다. 어떤 하루를 보냈든 나를 위해 책상에 앉는 것은 처음에 무척 힘들다. 정확하게 말하면 앉기가 어려운 것이 아니라 그것을 미루지 않을 힘을 갖는 게 어렵다.

하루를 살다 보면 무엇인가를 쉽게 포기하는 순간들이 생겨난다. 주로 나를 위한 시간들이다. 하던 일이 안 끝나서 운동하기로 한 시간을 미루고, 너무 스트레스 받아서 일기를 쓰기로 한 시간을 포기한다. 결국 나를 위해서 사는 삶인데 내 시간을 가장 먼저 양보한다. 그래서 우리는 우리를 지켜주는 응원단을 꾸리기로 했다.

책상의 시간을 지켜주는 응원의 밤

우리는 매일 밤 같은 시간대 함께 책상에 앉는다. 모두 화면을 켜고 한 사람이 그날 밤 디제이가 돼서 온라인으로 같은 음악을 들으면서 같은 밤의 시간을 보낸다. 서로를 위한 시간을 지키려고 애쓰는 것이다. 이렇게 책상의 시간을 지켜내고 다정하게 그날의 마지막 인사를 나눈다.

"오늘도 수고했어요! 오늘도 애쓴 하루 꿀잠 자요! 좋은 꿈 꾸고요! 내일도 행복하게 시작하세요!"

그날 하루가 어땠든 결국 다정한 하루로 마무리하며 잠드는 것은 내일을 기다릴 이유가 된다. 요즘은 커플이 같이 리추얼에 참여하기도 하고, 남편이 아내를 위해서 리추얼을 신청해주기도 하고, 엄마와 아이가 리추얼을 함께하기도 한다. 이렇게 서로를 지켜주는 존재에게 기대면 약해지는 마음을 붙잡을 수 있다. 리추얼을 시작하려고 마음먹었다면 함께할 동지들을 하나둘 모아 함께해보자. 단단한 버팀목이 될 것이다.

Chapter 21

다른 이의 수집을
수집하기

다른 이의 수집과 관점을 수집하기

우리는 인스타그램에서 다른 사람의 삶에 하트를 누른다. 얼굴 한 번 본 적 없는 사람의 계정을 팔로우하기도 한다. 다른 이들의 삶에서 무엇을 얻을 수 있을까?

그룹 리추얼에서는 한 달에 한 번 날을 정해 다른 이의 수집을 수집한다. 그날은 함께하는 사람들과 서로의 수집 노트를 교환해 내 하루 대신 다른 사람의 하루를 들여다본다. 그리고 거기에서 아하 모멘트를 모은다. 다른 이가 수집한 조각들을 둘러보면서 '아, 이런 경험에서 이런 영

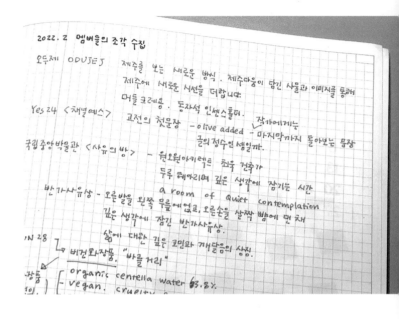

감을, 이런 생각을 얻을 수도 있구나!' 하는 깨달음을 얻는다. 또 '어, 나도 다음에 꼭 여기에 가봐야지!' 하는 외출 계획이 생기기도 하고, '이건 나도 궁금했던 건데 나랑 같은 생각을 하셨네!' 하며 동지를 얻는 기쁨을 누리기도 한다. 그 외에도 다음과 같은 것들을 얻을 수 있다.

- 새로운 영감
- 더 깊이 디깅하고 싶다는 느낌
- 나도 이 경험을 해봐야겠다는 의지
- 이런 순간을 수집할 수도 있구나! 새로운 원천에 대한 힌트

누군가의 삶이 내 삶의 레퍼런스가 될 수 있도록, 가까이 있는 사람들의 삶도 멀리서 동경하는 어느 사람의 삶도 모두 내 영감의 힌트가 될 수 있도록 다정한 시선으로 바라보자.

Part 8

매일의

영감 수집

노트

Chapter 22

영감 수집의
소스들

영감의 소스가 떠오르지 않을 때

우리는 종종 하루가 도대체 어떻게 지나갔는지 모르겠다
며 한탄한다. 온종일 의미 있는 시간이 하나도 없었던 것
같다고 푸념하기도 한다. 이런 날에는 어떻게 내 매일의
영감을 수집할 수 있을까? 나만의 치트키를 소개한다.

- 검색 기록: 오늘 이런 단어를 왜 검색했던 거지? 검색창은
  스치듯 지나간 내 생각이 머물렀던 자리다.
- 택배 상자 속 종이들: 집에 쌓인 택배 상자를 뒤져본다.

환불 안내문, 브랜드의 홍보물, 스티커 같은 작은 조각이
영감이 되기도 한다.

- 주문 내역, 영수증: 어젯밤 침대에 누워 주문한 것의 흔적,
'내가 이걸 도대체 왜 샀지? 무슨 쓸모를 기대했지?' 같은
내 마음을 수집한다.

- 배달 음식과 마음: 지친 마음으로 집에 돌아와 음식을
배달해 먹을 때 '고맙습니다'라고 포장에 적힌 종이 한
장을 수집한다. 가게의 마음, 판매 전략 등을 생각하면서
영감 수집!

- 인스타그램 속 내 마음: 좋아요를 누른 게시물, 저장한
게시물은? 내 마음이 향한 콘텐츠를 수집해보자.

- 휴대폰 사진 갤러리: 사진을 보며 '언제 이 사진을
찍었을까?' '왜 찍어둔 사진이지?' '이때 이런
마음이었구나' '이걸 기억하고 싶었구나' 등을 생각한다.

- 책상 위에 놓인 책: 책상 위에 있는, 지금 가장 가까이 있는
책을 손에 쥐고 아무 페이지나 하나 열어본다. 운명처럼
마주친 문장을 수집!

- 광고 문구: 동영상을 볼 때 광고를 스킵하려다 잠시 멈추고
본다. '도대체 저 광고는 무슨 이야기를 하고 싶었을까? 왜
나에게 이 광고가 노출됐을까?'를 생각하면서 인사이트
수집!

- 메일함 속 뉴스레터: 메일함에 어떤 메일이 쌓였는지 개인

메일함을 열어본다. 수많은 스팸 메일을 정리하다 일부러
구독한 뉴스레터를 보석처럼 발견한다. 나를 기다리고
있었을 뉴스레터를 정성스럽게 수집!

- 심쿵! 드라마의 대사: 드라마를 보다가, 마음이 쿵, 코끝이
  찌릿해진다. 아, 이 마음 잊지 말아야지!

- 서랍 속 잔뜩 쌓인 종이들: 내가 이렇게 많은 종이를
  쌓아두었던가? 지나간 시간 속 흔적들을 다시 펼쳐
  수집하기!

- 지갑 안 명함: 내가 만난 사람들의 명함을 보다가 문득 '내
  명함을 내가 만든다면 어떻게 만들면 좋을까?' 아이디어
  수집!

- 오늘의 띵곡 가사: 저녁에 퇴근하면서 들었던 노래,
  자꾸 흥얼대는 노래를 수집한다. 가사 수집하고 보니
  이 아티스트의 더 많은 작품, 그들의 세계관까지도
  궁금해진다.

- 가고 싶었던 장소: 주말에 가야지 마음먹은 장소를
  떠올려보며 그 장소의 이야기들을 미리 수집한다.

- 스팸 문자: 도대체 이 스팸 문자를 보내는 사람들은 어떤
  부분이 사람들에게 혹할 것이라고 생각했을까? 어떤
  사람들이 어떤 포인트에서 이 문자를 보고 반응할까? 나
  혼자 해보는 케이스 스터디!

매일의 영감 수집을 하면서 세상에는 무엇 하나 아무것도 아닌 것이 없다는 깨달음을 얻었다. 아무 생각 없이 지나친 많은 것이 사실 하찮은 게 아니라는 것을 알고, 그 대수롭지 않은 순간에 맞닿았을 내 생각과 마음을 통해 나만의 영감을 발견하는 것은 모든 순간을 의미 있게 받아들이는 힘을 길러줬다. 우리 삶에 영감이 존재한다는 걸 잊지 않기를 바란다.

물음표를 느낌표로 바꾸는 근육이 생겼다.
이제는 브랜드나 다른 영감 조각을 디깅하는
것보다 나 스스로를 수집하고 디깅하는,
'나를 수집하는 힘'을 기를 수 있게 됐다.
한 주제에 대해 긴 호흡으로 파고드는
힘이 생겨서 기쁘다.

_쥬니 님의 후기

Chapter 23

영감 수집
템플릿

매일의 영감 수집에 들어갈 내용

매일의 영감 수집은 자유롭게 해도 되지만 조금 쉽게 시작할 수 있도록 다음과 같은 방식으로 연습하기를 추천한다. 마음에 드는 노트 한 권을 준비했다면 다음과 같이 내용을 구성해보자.

- 날짜: 수집한 날짜를 기록한다.
- 리추얼의 목표: 달마다 새로운 또는 동일한 목표를 세우고 매일 반복해 변화 과정을 느낀다.

- 오늘의 조각: 수집 조각에 제목을 붙여본다.
- 오늘의 경험: 이 조각이 어떤 경험에서 왔는지 간략하게 적는다.
- 오늘의 조각 수집: 영수증, 패키지, 커피 스탬프, 스티커 등 조각의 흔적을 수집한다. 흔적을 오려 붙이거나 그림을 그리거나 사진을 출력해 붙여도 좋다.
- 물음표: 조각을 바라보고 떠오른 물음표를 가감 없이 적어본다.
- 느낌표: 물음표 중 하나를 더 디깅해보거나 수집 과정에서 아하! 하고 떠오른 생각이 있다면 적어본다.

이렇게 영감을 수집하면서 생각을 구조화하면 삶의 작은 순간이 깊이 있는 영감으로 전환되는 즐거움을 누릴 수 있다.

날짜	2024. 11. 24.
리추얼의 목표	내가 좋아하는 것이 무엇인지 알아본다.
오늘의 조각	마스킹테이프 mt 브랜드의 시작

오늘의 경험	나는 마스킹테이프를 아주아주 좋아한다! 이번 일본 출장에서 엠티 랩mt.lab을 다녀왔다. 그곳에서 받은 스티커를 찾아 수집 노트에 붙이고 나니 도대체 이 브랜드의 시작은 언제였을까 궁금해졌다.

오늘의
조각 수집

· mt 브랜드의 시작은 언제였을까?

· 마스킹테이프는 처음 어떻게 만들어졌을까?

· 사람들은 마스킹테이프를 어떤 용도로 쓸까?

· 다른 어떤 마스킹테이프 브랜드가 있을까?

· 마스킹테이프 제작 공정은 어떻게 되지?

물음표 · 내가 직접 마스킹테이프를 만들려면 어떻게
해야 하나?

· 마스킹테이프의 제작 단가는 어느 정도고
가격은 어느 정도가 평균일까?

· 마스킹테이프의 사이즈와 용도는 다양할까?

mt 브랜드의 시작이 궁금했다. 검색을
하면서 이런저런 그들의 이야기를 수집했다.
1923년에 세워진 회사라니. 100년이 넘은
브랜드라니!
mt는 '카모이 Kamoi'라는 파리 끈끈이를 만드는
회사에서 시작됐다. 1960년대 일본의 자동차
산업 부흥 정책에 힘입어 자동차 산업과
관련된 모든 산업군이 흥행했는데 그때 '와시
테이프', 즉 지금의 마스킹테이프의 형태가
개발돼 판매되기 시작했다. 첫 번째 와시

느낌표   테이프는 'Washi Adhesive Tape No.110'이다.
나무 패키지, 카드보드지 패키지가 성황을
이루면서 마스킹테이프 산업군도 확장됐다.
이후 점차 많은 종류가 개발돼 유통됐다.
재밌는 점은 '파리 끈끈이를 만들던 회사가
어떻게 마스킹테이프를 만들게 됐을까'였는데
그 시작은 '접착'이라는 공통점이었다.
만약 나라면 파리 끈끈이를 만들다가
마스킹테이프를 만들겠다는 생각까지
전환하는 게 가능했을까? 그들의 사업 확장의
방식이 무척 흥미로웠다!

매일의 영감 수집

날짜

리추얼의 목표

오늘의 조각

오늘의 경험

오늘의
조각 수집

물음표

느낌표

Chapter 24

영감 수집
회고 템플릿

영감 수집 회고에 들어갈 내용

매일의 영감 수집을 이어가다 보면 어느 순간 그 수집 행위 자체가 루틴처럼 흐려지곤 한다. 그때 수집을 다시 들여다보면서 새로운 다짐을 계속해나가기 위해 회고가 필요하다. 마침표를 찍은 경험은 끝난 경험이지만 그 경험에 물음표를 던지면 열린 경험이 된다. 그리고 물음표를 따라 느낌표를 찾으면 작은 경험이 영감으로 전환되는 마법이 펼쳐진다. 이 과정에서 회고는 성장의 방향타가 돼줄 것이다.

회고를 할 때 나는 다음과 같은 항목들을 주로 노트에 적어본다.

- 리추얼의 목표: 내가 어떤 마음으로 이번 달 리추얼을 진행했는지를 복기한다.
- 내 조각의 원천들: 수집한 조각이 어디에서 왔는지 확인한다.
- 마음에 드는 조각: 수집한 조각 중 마음에 드는 것을 찾아본다. 이는 다음 조각들을 수집하는 데 좋은 힌트가 된다.
- 더 디깅하고 싶은 물음표들: 수집 사이사이 적어둔 물음표 중 호기심을 열어주는 새로운 통로를 찾는다.
- 회고의 한마디: 리추얼의 목표를 떠올리며, 이번 달 매일의 영감 수집 리추얼이 나에게 어떤 시간이었는지를 되돌아본다.
- 다음 달의 다짐: 매일의 영감 수집 리추얼은 한 달 하고 끝나는 활동이 아니다. 계속해서 나아가는 힘, 이를 통해 쌓여가는 내 삶을 건강하게 지켜내는 힘을 기르기 위해 다음 달의 나에게 약속을 전한다.

회고의 달	2024. 11. 24.
리추얼의 목표	내가 좋아하는 것들이 무엇인지를 알아본다.
내 조각의 원천들	총 23개 조각 수집 #브랜드: 11개 #여행: 4개 #공간: 4개 #경험: 3개 #콘텐츠: 1개
마음에 드는 조각	브랜드가 쓰는 단어들 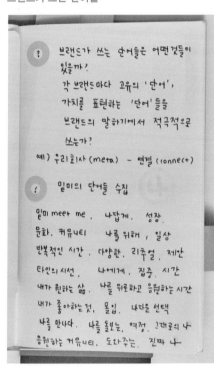

더 디킹하고 싶은 물음표들	[북 인퓨저라는 북마크 선물 받은 날] 신기한 북마크 디깅하기 [책 조명 수집한 날] 책 읽을 때 좋은 도구로 무엇이 있을까? [올리브 오일 수집한 날] 올리브 오일의 유명한 브랜드들을 디깅하기 [문장 수집의 방법 카드 수집한 날] 문장 수집 서비스나 플랫폼 디깅하기 [마스킹테이프 수집한 날] 100주년 기념 마스킹테이프로 무엇이 있을까?
회고의 한마디	나는 정말 브랜드를 탐험하는 것을 좋아하는 사람이구나. 내가 좋아하는 것이 무엇인지 궁금해지면 좋아하는 브랜드를 찾아봐야겠다.
다음 달의 다짐	이번 달 디깅하고 싶었던 물음표를 더 깊이 있게 찾아봐야지. 다음 달도 내 삶의 모든 순간을 사랑하기!

영감 수집 회고해보기

회고의 달

리추얼의
목표

내 조각의
원천들

마음에 드는
조각

더 디깅하고
싶은
물음표들

회고의
한마디

다음 달의
다짐

Chapter 25

매일의 영감 수집
묻고 답하기

일기도 매일 쓰다가 포기하는데
매일 기록하는 비결이 있나요?

제가 읽은 어떤 행동학 책에서는 행동이 일어나기 위해 세 가지 요소가 필요하다고 해요.

행동=동기×능력×자극

이 세 가지를 자세히 살펴볼까요?

우선 동기는 기록해야겠다고 마음먹은 것, 이 리추얼을

해야겠다 마음먹은 것 자체겠죠? 이 동기를 더 구체적으로 만드는 것이 좋습니다. '보디 프로필을 몇 월 며칠에 찍을 것이다'라는 목표를 세우고 운동을 하면 그 동기가 더욱 강화되는 것처럼, 리추얼에도 구체적인 목표가 있으면 그 동기가 흔들리지 않을 수 있어요. 또 리추얼의 목표를 매일 적어보며 상기하는 것도 처음의 마음을 잊지 않는 방법이 될 거예요.

그다음으로 능력은 꾸준히 기록하는 힘이에요. 이는 근육과 같습니다. 이 힘은 매일 작은 성공을 반복해야 조금씩 단단해집니다. 하루아침에 멋진 근육이 생기지 않는 것처럼요. 처음에는 하루에 경험 하나만 수집해보세요. 그 후 물음표를 수집하고 그다음 느낌표를 수집하며 단계적으로 기록해나가세요. 처음부터 너무 어려운 일을 시도하면 금방 기운이 빠지고 실패합니다. 작은 성공을 누리려면 쉬운 것부터!

마지막으로 자극을 살펴볼까요? 외부적인 자극은 기록을 지속하는 큰 힘이 될 수 있어요. 새해 결심을 책상 앞에 붙여놓은 경험 다들 있죠? 또는 "나 다이어트할 거다!" 하고 주변 사람에게 선언하고 지켜봐달라고 부탁했던 적 있을 거예요. 친구와 같이 기록하거나 그룹 리추얼에 참여하거나 소셜 미디어를 통해 과정을 공유하면서 다른 사람의 응원을 받아보세요. 당신을 움직이게 할 자극을 여기저기 배치해봅시다.

수집 기록이 많아지면 어디에 무슨 내용이 있는지 어떻게 확인하나요?

기록하는 행위만큼이나 중요한 건 내가 수집했던 기록, 그 앞장을 계속 들춰보는 거예요. 저는 매일의 영감 수집 노트와 다이어리를 항상 가방에 갖고 다니고, 책상에서도 손 닿는 곳에 가까이 두곤 해요. 매일 영감을 수집할 때 다이어리의 첫 장부터 한 장 한 장 펼쳐보며 빈 곳을 찾아가

요. 그러면서 내가 모은 조각을 눈으로 확인하죠. 사람들에게 제 수첩을 자주 자랑하기도 해요. 그 과정에서 자연스럽게 어느 날의 어느 조각이 어느 위치에 있는지가 선명하게 기억에 남습니다.

회고할 때는 조각 하나하나를 좀 더 면밀하게 바라보고 인덱스 작업을 합니다. 이 조각의 원천이 무엇이었는지 새로운 스티커를 붙여서 추가로 기록하고, 더 디깅하고 싶고 마음에 드는 조각이 있는 페이지에는 인덱스 스티커를 붙여서 언제든지 쉽게 찾아볼 수 있도록 장치를 더합니다. 그러면 내 기록의 해시태그와 목록이 생기죠. 이 과정은 기록을 인풋으로 자리 잡게 하고 그것을 언제 어디서든 불쑥불쑥 꺼내 쓸 수 있도록 도와줄 거예요.

잘 기록하는 팁이 있나요?

내 기록을 좋아하는 것, 이것이 바로 잘 기록하는 팁입니다. 내 기록을 평가하지 마세요. 내 기록의 형태나 내용, 수집 조각이 엄청난 인사이트를 가져야 한다는 압박을 버리는 것이 가장 중요합니다.

매일의 영감 수집은 평범한 일상, 아무것도 아닌 찰나에 아하 모멘트를 발견하는 즐거움을 누리며 내 삶의 모

든 순간을 사랑하는 힘을 기르는 여정입니다. 하찮고 작은 기록을 사랑하며 매일 기록의 작은 즐거움을 누리는 것이 리추얼의 가장 중요한 팁이랍니다.

영감을 수집할 때 주로
어떤 필기구나 노트를 사용하나요?

가장 자주 사용하는 필수 아이템은 글루 테이프! 풀로 조각을 붙이면 노트가 울퉁불퉁해져서 영 마음에 들지 않더라고요. 이때 글루 테이프는 언제 어디서나 쉽게 조각들을 수집하게 돕는 막강 아이템입니다.

노트는 다양하게 써왔는데요. 소소문구 디깅노트에서 웬아이워즈영의 노트, 미도리 노트까지 여러 제품을 사용해봤습니다. 노트는 각자 취향대로 골라서 써보세요! 대신 너무 작은 노트보다는 어느 정도 큰 노트가 수집 조각들을 붙이는 데 유용하답니다.

그 외에 마음에 드는 펜과 형광펜 등 필기도구를 챙기면 됩니다. 아, 그리고 인덱스 스티커도 다양하게 준비해보세요. 회고할 때 마음에 드는 조각에 표시를 해둬야 하니까요!

영감 수집을 디지털로 하는 방법이 있나요?

물론 있죠! 인스타그램에 전용 계정을 하나 새롭게 생성해서 디지털로 아카이브하는 경우도 있고요. 노트를 손으로 쓰고 사진을 찍어서 디지털로 저장하는 경우도 있습니다. 저는 빠르게 지나가는 순간을 놓치지 않기 위해서 인스타그램 스토리를 임시 저장소라 생각하고 자주 활용하는 편입니다. 그 스토리를 인스타그램 하이라이트로 모으면 나만의 영감 스토리 하나가 뚝딱!

영감 수집 노트를 예쁘게 꾸며야 한다는 부담에서 벗어나려면?

노트의 첫 장을 펼치면 누구나 마음이 두근거리죠. 첫 장을 예쁘게 시작하고 싶은 마음 다들 공감되지 않나요? 하지만 영감 수집은 '다꾸(다이어리 꾸미기)'가 아니랍니다. 꾸미기가 아니라 수집에 집중해야 하죠. 수집 노트를 꾸미는 것보다 수집한 조각의 아름다움을 찾는 게 더 중요하다! 이렇게 생각해야 부담에서 벗어날 수 있습니다. 영감 수집 노트 첫 장에 이렇게 적고 시작하면 어떨까요?

수집한 조각의 찬란함에 집중하자!
꾸미기가 아닌 수집!

저도 예전에는 노트의 어느 장이 마음에 들지 않으면 그 상태로 노트 쓰기를 멈추거나 그 장을 뜯어 버리고 싶어서 마음이 근질근질했어요. 이런 생각을 고쳐준 것은 내 별것 아닌 수집들, 들쑥날쑥 이것저것 붙어 있는 노트를 보며 용기를 얻었다는 사람들의 말 덕분이었어요. 당신이 얻을 뿌듯함은 노트의 아름다움이 아니라 매일의 순간을 소중히 여긴 당신 내면의 아름다움입니다.

내가 수집한 영감을
다른 사람에게 보여주기가 부끄러워요

노트를 다른 사람에게 보여주지 않아도 물론 괜찮아요!
누구에게나 영감 수집에 익숙해지는 자신만의 시간이 필
요하죠. 영감 수집 노트는 다른 사람에게 평가받으려고
만드는 게 아니니까요. 타인의 시선을 의식해 멋진 노트
를 만들려고 하면 불필요하게 힘이 들어가요. 내 수집을
다른 사람에게 보여주기가 부끄럽다면 나만의 비밀 노트

를 만든다는 마음으로 영감 수집에 집중해보세요. 그렇게 한 권이 다 채워지면 다시 펼쳐보세요. 뿌듯하고 자랑스러운 마음이 솟아올랐다면 그때 다른 사람에게 공유하면서 더 큰 힘을 채워나가도 됩니다. 내 조각으로 찾아낸 물음표와 느낌표가 다른 누군가에게 어떤 새로운 물음표와 느낌표를 솟아나게 할지 궁금해지는 순간, 그 세계가 확장되는 즐거움까지 누릴 수 있습니다.

각 단계에서
막히는 부분이 생기면 어떻게 할까요?

무척 좋은 질문이네요! 각 단계에서 막히는 부분이 생긴다면 그 단계에 좀 더 집중해보는 것도 좋고, 바로 다음 단계로 넘어가보는 것도 좋아요. '아니, 이런 답이?'라는 생각이 들었나요? 자, 사실 이 질문의 핵심은 당신에게 달려 있습니다.

각 단계에서 왜 막히는지 그 원인을 찾아보는 것이 첫 번째입니다. 이유는 다양하겠죠. 자꾸만 미루게 된다, 하는 방법을 잘 모르겠다 등 여러 고민이 당신을 가로막고 있을 것입니다. 그 이유를 알아야 올바른 처방을 할 수 있어요. 만약 자꾸 미루게 된다면 나를 움직이는 힘이 어디에 있는지 살펴보세요. 내가 매일 숙제를 하고 선생님에게 포도알 스티커를 하나씩 받는 것처럼 누군가의 확인과 격려가 필요한 사람이라면 영감 수집을 인스타그램 스토리 같은 데 올려보는 것은 어떨까요? 또는 함께할 친구를 찾아도 좋고요. 한편 스스로 성취감을 느껴야 움직이는 사람이라면, 목표를 분명하게 적어두는 거예요. '다섯 개를 완성한다!'와 같은 작고 쉬운 목표를 먼저 설정해보세요.

어떻게 해야 할지 잘 몰라서 허우적거리고 있다면, 아주 쉬운 것부터 도전하는 건 어떨까요? 내가 매일 만나는 것부터 수집해보세요. 출근길에 본 광고, 간판들 같은 것이요. 하루에 하나 수집에 익숙해지는 것이 가장 기본입니다.

이렇게 당신의 마음을 가로막는 게 무엇인지 알아차리는 것이 리추얼의 힘입니다. 영감 수집뿐만 아니라 나를 일으켜 움직이는 데 에너지를 주는 것과 방해하는 것을 구분하고 그것들을 잘 이용해 기꺼이 스스로 원하는 삶을 살아가는 것 또한 그렇지요. 당신의 용기와 노력, 그것들로 길러진 단단한 삶의 근육을 응원합니다.

당신의 모든 순간을 응원해요

건강한 삶이란 스스로를 돌보는 좋은 습관을 토대로 자기 삶에 최선을 다하는 삶이라고 생각합니다. 이 책을 읽는 모두가 다른 누구보다 자신을 응원하며 건강한 삶을 살기를 바랍니다.

저에게는 이루고 싶은 꿈이 있습니다.
건강하고 단단한 어른이 되는 것.

나의 그녀를 위해서도, 나를 위해서도 그리고 더 나아가 누군가 나로 인해 용기를 얻고 응원받을 순간을 위해서도 저는 매일 조금씩 더 나은 어른이 되겠다고 다짐했습니다. 건강하고 단단한 어른이 된다는 것, 그것을 어떻게 하면 이룰 수 있는지를 가르쳐준 것이 바로 밑미의 매일의 영감 수집 리추얼이었습니다.

매일의 영감 수집을 오래 함께해온 친구가 어느 날 자신의 '경력 포트폴리오'를 완성할 수 있게 도와달라고 했습니다. 무엇이든 기록하기, 꾸준히 하기, 본인을 알아가기 위해 노력하기 그 무엇도 부족한 것 하나 없는 친구였기에, 꽤 긴 시간 동안 마무리하지 못한 숙제를 보면서 무척 궁금했습니다. 무엇이 이 친구를 가로막고 있을까.

우리는 긴 대화를 나누었습니다. '이 정도는 다들 하는 것 아닌가? 이것을 내가 잘했다고 해도 되는 걸까?' 하고 본인이 해온 일들을 무척 높은 잣대로 평가하게 된다고 하더군요. 우리는 다른 사람의 기준으로, 세상의 기준으로 평가를 받아오는 것에 익숙합니다. 그리고 그에 스스로를 바라보는 기준도 맞추죠.

매일의 영감 수집은 내 인생의 모든 순간이 소중하다는 것을 배우는 과정입니다. 이제는 이 리추얼을 통해 얻은 힘으로 내가 해왔던 일의 타이틀, 결과에 대한 냉정한 평가 말고 그 일을 해온 시간 안에 존재한 나를 아끼는 마음을 한 줄 한 줄 적어보세요. 세상이 나를 이렇다 저렇다 평가하더라도 흔들리지 않는 나로 존재하도록.

나에게는 나를 가장 아껴줄 존재, 내 삶의 작디작은 순간도 모두 소중하다고, 좋았다고, 괜찮았다고, 멋지다고 이야기해줄 존재가 필요합니다. 내가 나에게 그런 사람이 돼주는 것, 그것이 여러분과 매일의 영감 수집으로 얻고 싶은 힘입니다.

삶의 가장 어려운 순간에도 나를 보통의 날들로 돌아오게 만든 그 마음.

매일 작은 순간들을 애쓰며 내 안에 단단하게 자리 잡은 삶의 근육이 결국 내가 정말 약해지고 무너졌을 때 나를 다시 일상으로 돌아오게 하는 힘이 돼준다는 것.

이것들은 제게 매일의 영감 수집을 멈추지 않고 해야 하는 이유가 됐습니다.

살다 보면 때때로 뜻하지 않게 무너져버리곤 합니다. 저는 그럴 때면 응원의 밤에서 책상을 지키고 앉아 있을 사람들을 떠올립니다. 나를 위해 책상에 앉을 힘이 없을 때, 그들에게 기대어 함께 앉아 있겠다고 생각하며 화면을 켭니다. 책상의 시간을 지키는 그들에게 의지해 기어이 나를 위한 시간을 지켜냅니다. 그렇게 무너진 삶을 그대로 방치하지 않겠다고 굳은 결심을 합니다. 조금씩 건강하고 단단한 어른이 돼가고 있다고 믿습니다.

　매일의 영감 수집을 하는 과정에서 만난 사람들의 변화와 성장, 그 내밀한 시간을 함께한 것이 제가 리추얼을 하면서 누린 가장 큰 호사입니다. 그 과정에서 저 또한 배우고 성장했습니다. 제 삶을 건강하게 만드는 근육들은 다정하고 세밀한 관찰력, 나를 선명하게 하는 힘 그리고 매일의 리듬을 지키는 힘에 그 뿌리를 두고 있습니다.

　이 책을 통해 그 시간을 누릴 또 다른 누군가의 성장 기록이 우리 모두에게 응원이 되길 바랍니다.

　여러분들이 지켜낼 그 모든 순간을 응원합니다.

응원대장 올리부

매일의 영감 수집

초판 1쇄 발행 2025년 1월 15일
초판 2쇄 발행 2025년 2월 19일

지은이 서은아
펴낸이 최순영

출판2 본부장 박태근
경제경영 팀장 류혜정
편집 진송이
디자인 정명희
사진 정상호, 서은아

펴낸곳 ㈜위즈덤하우스 **출판등록** 2000년 5월 23일 제13-1071호
주소 서울특별시 마포구 양화로 19 합정오피스빌딩 17층
전화 02) 2179-5600 **홈페이지** www.wisdomhouse.co.kr

ⓒ 서은아, 2025

ISBN 979-11-7171-291-5 03190